THÉATRE

DE LA GUERRE ET DE LA PAIX

EN 1859

OU

GÉOGRAPHIE DE L'ITALIE
ET SPÉCIALEMENT DES ÉTATS SARDES ET LOMBARDS, DE LA VÉNÉTIE
ET DES DUCHÉS DE PARME ET DE MODÈNE

PAR

Richard CORTAMBERT

MEMBRE DE LA SOCIÉTÉ DE GÉOGRAPHIE DE PARIS
de la Société d'Ethnographie orientale et américaine, etc.

PARIS — 1859

SA MAJESTÉ

VICTOR-EMMANUEL II

ROI DE SARDAIGNE

SIRE,

En dédiant à Votre Auguste Majesté un ouvrage
dont l'objet principal est la description des États
Sardes et Lombards, j'obéis non-seulement à la sym-
pathie universelle qui entoure Votre Illustre Personne, mais aussi à une sorte de devoir imposé par

le cœur : le premier livre français qui embrasse la topographie des provinces, désormais unies, de Sardaigne et de Lombardie, ne devait-il pas être consacré au Magnanime Souverain qui gouverne ces belles contrées et qui vient de les illustrer par ses armes?

Il m'a semblé que c'était inaugurer bien favorablement cette étude géographique, que d'inscrire à la première page le nom glorieux de VICTOR-EMMANUEL.

Daigne Votre Majesté accueillir avec bienveillance cet humble témoignage de mon admiration et de mon profond respect pour le plus loyal allié de ma nation!

J'ai l'honneur d'être,

SIRE,

de Votre Majesté,

le très-humble et très-obéissant serviteur,

RICHARD CORTAMBERT.

UN MOT SUR CET OUVRAGE

ET SUR LE

RÉSULTAT DE LA GUERRE D'ITALIE

EN 1859

L'Italie septentrionale, longtemps opprimée par l'Autriche, a trouvé deux libérateurs dans les illustres souverains de la France et des États Sardes.

Victorieuses sur tous les points, sublimes de courage et de dévouement, les deux armées alliées, en versant généreusement leur sang, ont affranchi l'Italie de la tyrannique influence étrangère. Le royaume de Sardaigne s'étend désormais jusqu'au Mincio ; la noble tâche d'indépendance que son souverain s'était imposée est accomplie ; le roi Victor-Emmanuel avait judicieusement prédit ces événements dans ces belles paroles prononcées, il y a quelques mois, devant une assistance enthousiaste : *Forts de l'expérience du passé, marchons résolûment au-devant des éventualités de l'avenir. Cet avenir sera prospère, notre politique reposant sur la justice, sur l'amour de la liberté et de la patrie. Notre pays, petit par son territoire, a grandi en crédit dans les Conseils de l'Europe, parce qu'il est grand par les idées qu'il représente, par les sympathies qu'il inspire.*

La Lombardie, libre et heureuse, jouit enfin de l'indépendance sous le gouvernement tutélaire d'un prince qu'elle chérit et qu'elle a appris, de même que l'Europe entière, à considérer comme un des plus vaillants capitaines de notre temps.

La prépondérance des États Sardes sur le reste de l'Italie est définitivement acquise : les vœux de Charles-Albert, d'illustre mémoire, sont enfin réalisés.

La Confédération italienne aura dans le roi du Piémont un puissant protecteur, qui saura maintenir ses droits et, au besoin, les faire respecter par l'épée ; la France et les États Sardes, qui ont porté si souvent la même bannière, puiseront dans leur autorité et dans leur alliance indissoluble une complète garantie de sécurité pour l'avenir.

Ce qui fait la force des nations, c'est leur unité ; le royaume des États Sardes et Lombards, formés d'Italiens dévoués à la même cause et aux mêmes principes, devient un des premiers États de l'Europe.

Le reste de la Péninsule subit, de près ou de loin, son invincible influence. L'Italie entière entre donc dans une ère nouvelle : le drapeau libéral aux trois couleurs qui flotte au-dessus des monuments lombards est le signe de ralliement de tous les Italiens ; et le nom de Victor-Emmanuel est dans tous les cœurs de cette noble contrée.

Le spectacle grandiose et émouvant de si grands événements m'a inspiré la pensée d'extraire la description qu'on va lire d'une grande publication dans laquelle mon père a associé son nom à celui du célèbre Malte-Brun, et où il m'a été permis de donner mes soins particuliers à ce délicieux pays classique, objet de mes plus chères études géographiques.

RICHARD CORTAMBERT,

Membre de la Société de Géographie de Paris, de la Société d'Ethnographie orientale et américaine, etc.

Paris, rue de Saintonge, 64 ; 20 juillet 1859.

PARIS. — IMPRIMERIE DE ÉDOUARD BLOT, RUE SAINT-LOUIS, 46.

EXTRAIT DES ADDITIONS ET MODIFICATIONS

A LA

GÉOGRAPHIE UNIVERSELLE DE MALTE-BRUN

ÉDITION DE M. CORTAMBERT

PUBLIÉE PAR MM. DUFOUR, MULAT ET BOULANGER.

THÉATRE
DE LA GUERRE ET DE LA PAIX
EN 1859

OU

GÉOGRAPHIE DE L'ITALIE
ET SPÉCIALEMENT DES ÉTATS SARDES ET LOMBARDS, DE LA VÉNÉTIE
ET DES DUCHÉS DE PARME ET DE MODÈNE

PAR

Richard CORTAMBERT

MEMBRE DE LA SOCIÉTÉ DE GÉOGRAPHIE DE PARIS
de la Société d'Ethnographie orientale et américaine, etc.

PARIS — 1859

THÉATRE

DE LA GUERRE

ET DE LA PAIX

DE 1859

PREMIÈRE SECTION. — DESCRIPTION PHYSIQUE GÉNÉRALE DE L'ITALIE.

L'Italie va maintenant nous offrir son ciel azuré, ses sites enchanteurs, ses souvenirs classiques et ses chefs-d'œuvre des arts. En sortant de l'Allemagne ou de la Suisse, à peine arrivé sur le versant méridional des Alpes, on voit changer tout à coup la végétation, les hommes et les usages : il semble qu'un climat favorable au laurier, au myrte et à l'olivier porte l'homme à l'amour de la gloire et aux bienfaits de la civilisation. L'Italie n'a-t-elle point produit le peuple qui fut le maître du monde? Les poëtes et les écrivains qui l'ont éclairée ; les arts qui y furent portés par les Grecs, n'en ont-ils point fait jadis le pays le plus civilisé de l'Europe? Et lorsque la barbarie eut étendu son sceptre de fer sur cette partie du monde, ne vit-on point l'Italie, du temps même des Croisades, redevenir l'asile des lumières qui se répandirent ensuite sur nos contrées? L'Italie est encore la plus belle portion de l'Europe (1).

(1) « Quiconque aime la nature et en sent les beautés, s'il a vu l'Italie, désire la revoir, dit Lamennais; et combien d'autres charmes attirent encore dans cette séduisante contrée! Partout quelque monument de l'art, partout quelque souvenir illustre ou attachant; mais partout aussi, en ces jours mauvais, quelque spectacle douloureux, quelque stigmate de servitude. La misère publique, s'y révélant sous mille aspects hideux, y forme un contraste général avec la richesse native du sol. Quel motif de travailler plus que ne l'exige l'impérieuse et stricte nécessité, quand rien ne garantit à chacun le fruit de son travail? Paresse,

Considérée dans ses limites naturelles, la partie septentrionale de l'Italie embrasse tout le versant méridional des Alpes, depuis les Alpes Juliennes, Carniques et Rhétiques jusqu'aux Alpes Maritimes ; mais les lignes de démarcations politiques ont modifié ces limites. Ainsi, le sud du Tyrol, le canton du Tésin, une partie de l'Illyrie, qui devraient être de l'Italie, ne sont plus considérés comme en faisant partie ; et, d'un autre côté, la Savoie, qui est physiquement française, est devenue, par la politique, une annexe de l'Italie. L'Adriatique et la Méditerranée, qui prend au sud-est le nom de mer Ionienne et à l'ouest celui de mer Tyrrhénienne, baignent les côtes de cette contrée jusqu'aux pentes des *Alpes Maritimes,* près des frontières de la France. La longueur de la presqu'île est de 1 330 kilomètres ; sa largeur moyenne, de 220 kilomètres. Sa superficie, en y comprenant les îles, est de 300 000 kilomètres carrés, un peu plus de la moitié de l'étendue de la France. La population s'élève à 25 millions d'habitants, ou aux deux tiers environ de celle de la France. Ainsi, l'Italie est, proportionnellement, un peu plus peuplée que notre pays.

Allongée entre deux mers, l'Italie jouit d'une magnifique position : « Aucune partie de l'Europe, a dit Napoléon 1er, n'est située d'une manière plus avantageuse que l'Italie pour devenir une grande puissance maritime. » La péninsule Italique comprend, en effet, 3 900 kilomètres de côtes ; la plupart de ses rives offrent aux navigateurs des ports sûrs ou des rades superbes. — Il est à peine nécessaire de

apathie, langueur, ignorance, insouciance, voilà ce qui frappe d'abord. Ce peuple qui naît, vit et meurt sous le bâton de l'étranger, ou à l'ombre de la potence paternelle des souverainetés nationales, ainsi qu'il leur plaît de se nommer, n'ayant de patrie que dans le passé, ou dans un avenir qui fuit toujours, se fait du ciel, de l'air, de la jouissance présente et du sommeil comme une autre patrie semblable à la dernière, celle du tombeau. Tous les âges rassemblés, entassés, se pressent sur cette terre de ruines. L'époque étrusque, dont il subsiste de remarquables monuments, lie l'époque plus ancienne des premiers habitants connus de l'Italie, à celle des Romains. Puis, sur les débris amoncelés par les barbares vainqueurs de l'empire, apparaissent d'autres débris : ici, et à demi caché sous les ronces et des herbes sèches, le squelette de quelque village, semblable à un mort que ses compagnons, dans leur fuite, n'auraient pas achevé d'ensevelir ; sur une pointe de rocher, au milieu de ces austères paysages des Apennins, une vieille tour croulante, de larges pans de mur couverts de lierre, séjour autrefois de quelque seigneur féodal, où maintenant, sur le soir, l'orfraie pousse son cri lugubre. Ailleurs, à Lucques, Pise, Florence, Sienne, dans toutes les cités que vivifièrent des institutions populaires, des traces d'une autre grandeur tombée rappellent le temps où, seules libres au sein de la servitude générale, et riches, puissantes par la liberté, elles rallumèrent le flambeau éteint des arts, des sciences, des lettres. Médailles d'un siècle plus récent, de superbes palais abandonnés, déserts, principalement près de Rome, se dégradent d'année en année, montrant encore, à travers leurs élégantes fenêtres ouvertes à la pluie et à tous les vents, les vestiges d'un faste que rien ne rappelle dans nos chétives constructions modernes, d'un luxe grandiose et délicat, dont les arts divers avaient à l'envi réalisé les merveilles. La nature, qui ne vieillit jamais, s'empare peu à peu de ces somptueuses villes, œuvres altières de l'homme, et fragiles comme lui. Nous avons vu les oiseaux nicher sur les corniches d'une salle peinte par Raphaël, le caprier sauvage enfoncer ses racines entre les marbres disjoints, et le lichen les couvrir de ses larges plaques vertes et blanches. La religion, elle-même, dont les magnificences passées ravissent d'étonnement, semble n'avoir travaillé pendant des siècles qu'à se bâtir un vaste sépulcre. Douze ou quinze franciscains errent aujourd'hui dans l'immense solitude de ce couvent d'Assise, jadis peuplé de six mille moines. »

rappeler ici cette notion vulgaire, que la péninsule ressemble grossièrement à une botte. Examinons rapidement les contours assez irréguliers de cette forme générale : au bout du pied, qui constitue la presqu'île de *Calabre,* se présentent les caps *dell'Armi* et *Spartivento;* à l'extrémité du talon, qui est la presqu'île d'*Otrante,* se trouve le cap de *Leuca.* A l'ouest de ce talon, s'ouvre le grand golfe de *Tarente.* Sur la côte orientale de la presqu'île, on remarque le vaste promontoire du mont *Gargano,* qui est comme l'*éperon* de la botte, et qui ferme au nord le golfe de *Manfredonia.* L'Adriatique produit vers son extrémité nord-ouest le *golfe de Venise,* dont on étend quelquefois le nom à toute cette mer. Près de ce golfe, sont les marécages maritimes qu'on appelle *lagunes de Venise* et *lagunes de Comacchio.* Du côté opposé de la péninsule, la Méditerranée propre forme le *golfe de Gênes,* large, mais peu profond, et remarquable par l'aspect magnifique de ses rivages. On donne à sa partie orientale le nom de *Rivière du Levant,* et à sa partie occidentale celui de *Rivière du Ponent* (du couchant). A l'entrée de la mer Tyrrhénienne, la côte devient moins belle, et présente le territoire malsain de la *Maremme.* Un peu plus au midi, elle montre la région plus funeste encore des *Marais Pontins,* au sud desquels s'avance le cap *Circello,* promontoire fameux dans la mythologie, qui en avait fait le séjour de la magicienne Circé. L'aspect du pays redevient superbe autour des golfes de *Naples* et de *Salerne,* entre lesquels s'avance la pointe *della Campanella.* Plus loin, on distingue les golfes de *Policastro* et de *Santa-Eufemia.* Le détroit fort resserré du *Phare de Messine* sépare la presqu'île d'Italie de la Sicile, et fait communiquer la mer Tyrrhénienne à la mer Ionienne. On trouve à son entrée septentrionale le rocher de *Scylla* (en italien *Scilla),* écueil si redouté dans l'antiquité ; dans l'intérieur même du canal, est le gouffre de *Charybde,* fameux aussi par les dangers qu'il offrait à la navigation.

Les principales montagnes de l'Italie sont les *Alpes Lépontiennes occidentales,* depuis le Saint-Gothard jusqu'au mont Rosa ; les *Alpes Pennines,* c'est-à-dire la chaîne qui s'étend du mont *Rosa* au mont *Blanc;* les *Alpes Grées, Graïes* ou *Grecques,* comprises entre le mont *Blanc* (le plus haut point de toutes les Alpes) et le mont *Cenis;* les *Alpes Cottiennes,* entre le mont *Cenis* et le mont *Viso;* enfin, les *Alpes Maritimes,* qui, du mont Viso, se prolongent jusqu'au *col d'Altare* ou de *Cadibone.* Ces différentes chaînes se dirigent, en serpentant, d'abord de l'est à l'ouest, puis du nord au sud, enfin de l'ouest à l'est. A partir de ce col, jusqu'à l'extrémité de l'Italie, s'étend la longue chaîne des *Apennins.* Toutes ces montagnes dépendent d'un même système : celui des Alpes. La chaîne des Apennins offre une longueur de 1 200 kilomètres. Elle longe d'abord le golfe de Gênes, s'en écarte ensuite, se ramifie dans la partie moyenne de l'Italie, se rapproche de l'Adriatique, projette à droite et à gauche quelques rameaux, puis s'élargit, s'étend en approchant de l'Italie méridionale, et se bifurque enfin : la branche la moins considérable sépare la terre de Bari de celle d'Otrante ; l'autre, composée de montagnes élevées, traverse les deux Calabres, et se termine par l'*Aspromonte.*

Du côté de l'Italie, la chaîne des *Alpes* est beaucoup plus escarpée que du côté de la France, de la Suisse et de l'Allemagne; celle des *Apennins,* moins élevée, projette plusieurs rameaux, nommés *Sub-Apennins,* dont les plus importants vont former des caps dans la mer Adriatique et dans la mer Tyrrhénienne. *Piombino*, sur celle-ci, est bâtie sur l'un de ces caps. Le promontoire ou plutôt la presqu'île du *Monte Argentaro* est une autre extrémité de rameau ; mais le plus important de la côte occidentale est celui qui forme la pointe de la *Campanella*, à l'entrée du golfe de Naples. Sur les bords de l'Adriatique, ces pointes ou ces extrémités de chaînes présentent, à l'entrée du golfe de *Tarente*, le cap de *Leuca*, formé par les dernières pentes d'un de ces rameaux ; et, un peu plus haut, le promontoire *Gargano*. La branche principale, qui continue jusqu'à l'extrémité la plus méridionale du continent, ne fait que s'enfoncer dans la mer pour reparaître en Sicile, dont elle forme pour ainsi dire la charpente. Dans l'étendue que parcourt la chaîne *Apennine*, elle se range plus près de la côte occidentale de l'Italie que de la côte opposée.

Cette contrée, si remarquable par ses montagnes, ne l'est pas moins par ses plaines. L'une des plus belles et des plus riches de l'Europe, et peut-être du monde, est celle de la Lombardie, dont celle du Piémont est la continuation. Celle qui s'étend entre le golfe de Naples, le Vésuve et les Apennins, moins étendue, est admirable par sa richesse et sa fertilité. Sur le versant opposé de cette chaîne, d'autres plaines moins étendues encore, mais non moins fertiles, se prolongent sur les bords de l'Adriatique, aux environs du golfe de *Manfredonia* et sur la *Terre de Bari*.

Les cours d'eau qui sillonnent l'Italie diffèrent d'importance, suivant qu'ils descendent des Alpes ou des Apennins. Le *Pô*, le plus grand de ses fleuves, prend sa source au mont *Viso*. Grossi des eaux du *Tanaro*, de la *Trebbia*, du *Taro* et du *Panaro*, qui s'y réunissent sur sa rive droite ; augmenté sur sa gauche par les deux *Doires*, l'*Orca*, la *Sesia*, l'*Agogna*, le *Tessin* ou *Tésin*, l'*Olona*, l'*Adda*, l'*Oglio* et le *Mincio*, il se jette, après un trajet de 600 kilomètres, dans l'Adriatique. Cette dernière reçoit des Alpes le *Tagliamento*, la *Piave*, la *Brenta* et l'*Adige*. La chaîne des Apennins fournit à la Méditerranée l'*Arno*, qui s'y jette au sud-est du golfe de *Gênes*, et le *Tibre* ou *Tevere*, qui se plonge dans la mer Tyrrhénienne près d'*Ostie*. Voilà les plus grands cours d'eau ; mais d'autres, quoique petits, méritent d'être cités : ainsi, à l'ouest, sont le *Var*, sur la frontière de la France ; le *Serchio*, l'*Ombrone*, dont l'embouchure est voisine de la lagune de *Castiglione* ; le *Garigliano*, sur un pont duquel Bayard soutint le choc des Espagnols ; le *Volturno* ou *Vulturne*, la *Sele*. A l'est, que de rivières fameuses dans l'histoire s'écoulent dans l'Adriatique ! C'est le *Rubicone* ou *Uso*, le Rubicon mémorable des Romains ; c'est le *Metauro*, si célèbre par la défaite d'Asdrubal ; l'*Ofanto*, près de la rive droite duquel s'étend le champ de la bataille de Cannes, etc. D'autres rivières, moins fameuses, doivent cependant être mentionnées : ce sont la *Pescara* et le *Sangro*, tributaires de l'Adriatique ; le *Bradano*, le *Basente*, le *Crati*, tributaires de la mer Ionienne.

Les plus grands lacs italiens s'étendent sur le versant des Alpes : à l'ouest, c'est le lac *Majeur*, et, dans la direction de l'est, on voit successivement ceux de *Lugano*, de *Côme*, d'*Iseo* et celui de *Garde*, le plus important de tous. Les lacs de *Pérouse*, de *Bolsena* et de *Fucino*, qui se succèdent du nord-ouest au sud-est, sur les pentes ou sur des plateaux des Apennins, sont aussi fort dignes de remarque.

La beauté du climat de l'Italie a contribué à rendre plusieurs de ses sources minérales aussi célèbres que celles de l'Allemagne. Aux environs de *Pise*, les sources gazeuses *de Saint-Julien*, les bains de *Montecatini*, les sources de *Saint-Cassian* et les célèbres bains de *Lucques* attirent une foule d'étrangers dans la Toscane, fameuse par ses lacs d'acide borique. Dans le royaume de Naples, on trouve à chaque pas des sources gazeuses, comme si elles étaient la conséquence des phénomènes volcaniques : les eaux de *Santa-Lucia*, celles de *Pisciarelli*, de *Pouzzoles*, et les quatre sources d'*Ischia* ; dans le royaume Lombard-Vénitien, les bains d'*Abano*, près de Padoue ; les sources thermales d'*Acqui*, celles de *Vinadio* et d'*Oleggio*, dans le royaume de Sardaigne ; les sources minérales des environs de *Parme*, etc., prouvent que l'Italie est, sous le rapport des moyens curatifs, favorisée d'Hygie.

Du nord au sud de l'Italie, on compte quatre zones et quatre climats différents. La zone septentrionale, qui règne depuis les Alpes jusqu'aux Apennins, est souvent exposée à des froids rigoureux : quelquefois le thermomètre y descend jusqu'à 10 degrés. Dans la seconde, qui s'étend jusqu'au cours du *Sangro*, l'hiver est sans âpreté : l'olivier et l'oranger sauvages lui résistent, mais l'arbre qui porte l'orange douce n'y prospère point en pleine terre. Dans la région suivante, qui se termine vers les bords du *Crati*, l'oranger réussit presque sans culture, à côté du cédratier et du bigaradier. La dernière zone, enfin, a un climat brûlant : le palmier, l'aloès et le figuier d'Inde y croissent, surtout dans les plaines et sur le bord de la mer (car les cimes les plus élevées se couvrent de neige en hiver).

Rien n'égale la fertilité de la région qui occupe toute la vallée du *Pô*, et qui comprend le Piémont, la Lombardie, les duchés de Parme, de Modène, et une partie des États Pontificaux ; elle produit une grande quantité de riz, diverses espèces de grains, et surtout celle qui sert à faire les pâtes et les macaronis dont les Italiens sont si friands. C'est aussi dans cette vallée et dans celles qui y aboutissent que l'on voit les plus belles prairies de l'Italie et les bestiaux les plus gras. Ses fromages sont un objet considérable de commerce ; ses vins sont estimés, principalement ceux du Frioul, du Vicentin, du Bolonais et du Montferrat. La région moyenne a pour caractère principal des terres cultivées s'élevant, sur les pentes des montagnes, en terrasses, soutenues par des murs de gazon, dont la verdure, sur laquelle se détachent des arbres couverts de fruits et le pâle olivier, donne aux coteaux l'aspect le plus riant et le plus riche. La troisième région, que plusieurs parties malsaines ont fait appeler pays de mauvais air, est couverte de vastes pâturages, de coteaux et de vergers. Dans la dernière, on cultive le figuier, l'amandier, le cotonnier, la canne à sucre et la vigne qui donne les vins brûlants de la Calabre. La végétation y rappelle celle des plus belles contrées de l'Afrique. Le bombyx qu'on y élève produit une soie moins fine et moins brillante que dans les autres parties de l'Italie : on en attribue la cause à sa nourriture, qui consiste principalement en feuilles de mûrier noir. C'est dans cette région que l'œil se promène avec plaisir sur ces pampres dont les rameaux flexibles s'enlacent aux peupliers. On a remarqué que les vins que l'on obtient des vignes basses sont d'une qualité supérieure à ceux que produisent les vignes qui forment d'élégantes guirlandes à la cime des arbres. Souvent le raisin des premières est mûr avant que celui des secondes se soit coloré. Le mélange de ces deux raisins ne donne qu'un vin aigre doux, en dépit du climat.

L'Italie produit tous les arbres fruitiers des contrées tempérées de l'Europe, et de plus quelques végétaux qui ne peuvent croître qu'à la faveur d'une haute température. Tels sont : le *plaqueminier* (*diospyros lotus*), dont les fruits jaunes, acides et de la grosseur d'une cerise, ne sont mangés que par les enfants et par les pauvres ; l'*azédarach bipinné* (*milia azedarach*), arbre dont les fleurs, d'un bleu tendre et d'une odeur suave, tombent en grappes élégantes ; le *grenadier*, apporté de Carthage en Italie par les Romains ; l'*azérolier* (*cratœgus azarolus*), espèce de néflier dont le fruit plaît par sa belle couleur rouge, et dont le suc rafraîchissant le fait rechercher dans l'Italie méridionale ; le *caroubier* (*ceratonia siliqua*), dont la gousse est aimée des Napolitains ; le *pistachier lentisque*, qui fournit une huile bonne à brûler et à manger ; enfin le *frêne à feuilles rondes* (*fraxinus rotondifolia*), arbre précieux de la Calabre, dont l'écorce entaillée laisse exsuder la manne.

L'agriculture, fort soignée dans les magnifiques plaines du Pô, est moins brillante, et même quelquefois négligée, dans le reste de l'Italie. Les céréales sont la principale culture : le froment, le maïs, l'orge, le seigle, l'avoine, le millet, le riz, y viennent avec un égal succès. Les rizières du bassin du Pô sont d'une haute importance et peuvent être considérées comme les premières d'Europe.

Plusieurs animaux de l'Italie sont communs à différentes parties de l'Europe ; d'autres sont particuliers à son climat et à ses montagnes : celles-ci servent de retraite au lynx, au chamois, à la chèvre sauvage, au furet, au loir et au *lemming* ou rat de Norvége, célèbre par ses migrations. Dans les Apennins, on trouve communément le porc-épic. Un bœuf auquel on donne le nom de *buffle* vit apprivoisé dans le midi de la contrée. Les chevaux napolitains sont estimés pour leurs formes et leur vigueur ; l'âne et le mulet y sont d'une très-bonne race, et les moutons rivalisent avec ceux d'Espagne. Les oiseaux y sont très-nombreux : dans les seules Alpes Maritimes on en compte 306 espèces ; quelques reptiles du midi appartiennent à la partie septentrionale de l'Afrique ; deux grandes couleuvres, l'aspic et la vipère, y distillent leurs poisons.

Les poissons et les mollusques sont extrêmement nombreux dans la Méditerranée. Les profondeurs de cette mer sont habitées par les *alépocéphales*, les *pomatomes*, les *chimères* et les *lépidolèpres*. Dans la région supérieure, se trouvent les *malves*, les *merlans*, les *castagnolles*, etc.; à 300 mètres au-dessous de la surface des eaux, les *raies*, les *lophies*, les *pleuronectes* et tous les poissons à chair molle. A 150 mètres plus haut, s'étend la région des coraux et des madrépores ; au milieu d'eux, vivent les *balistes*, les *labres*, les *trigles* et autres poissons. Au-dessus, végètent des *algues* et des *caulinies* ; cette région est fréquentée par les *murènes*, les *vives*, les *stromatées*, etc. Au-dessus encore, s'élèvent les rochers couverts de *varecs* et de *fucus*, qui servent de retraite aux *blennies*, aux *clines*, aux *centrisques* et à tous les poissons de rivages. Enfin les plages couvertes de galets et de sables sont la résidence ordinaire des *spares*, des *anchois*, des *muges* et de divers *mollusques*. C'est au sein de la Méditerranée qu'habite la *sèche commune*, qui rejette, lorsqu'on la poursuit, une liqueur noirâtre dont on fait une couleur appelée *sépia*, et ce mollusque de la famille des *poulpes*, décrit par Aristote et par Pline, et connu sous le nom d'*argonaute papyracé*, singulier animal, dont la coquille transparente et fragile, en forme de nacelle élégante, semble avoir donné à l'homme l'idée des premiers navires, comme il paraît lui avoir donné les premières leçons de navigation. Doué de la prudence nécessaire à sa conservation, qualité indispensable au navigateur, dès que la tempête commence à agiter les flots, il se renferme dans sa coquille et se laisse descendre au fond des eaux; mais lorsque le calme a reparu, il étend ses bras hors de sa barque légère et reparaît à la surface de l'onde. Il introduit ou rejette à volonté l'eau qui lui est nécessaire pour son lest; le mouvement donné à ses bras, qui lui servent de rames, le fait voguer, et, si la brise qui agite les flots n'est point trop forte, il élève deux de ses bras, présente au vent la membrane qui les unit, et s'en sert comme d'une voile propre à accélérer sa course, tandis qu'un autre bras, plongeant dans l'eau derrière la coquille, agit comme gouvernail.

Les vents du midi sont très-incommodes dans le royaume de Naples et dans la Sicile; mais celui du sud-est, ou le *scirocco*, est le vent dont le souffle est le plus accablant. Lorsqu'il règne, la lueur du jour est obscurcie, les feuilles des végétaux se roulent comme si elles étaient piquées par un insecte destructeur, et l'homme est accablé d'un malaise et d'une nonchalance qui lui font perdre ses forces. Heureusement ce vent règne plus fréquemment l'hiver que l'été.

L'Italie offre aux méditations du géologue une foule de localités intéressantes pour qui sait les explorer. Le calcaire alpin commence au nord de Bellune : il est recouvert de calcaires oolithiques en couches horizontales d'où l'on voit sortir le grès rouge. Dans la vallée de *Cadore*, les calcaires donnent issue à des sources imprégnées d'hydrogène; on y trouve du plomb argentifère, de l'oxyde de fer, du plomb sulfuré, etc. On connaît dix-neuf mines dans cette vallée. Sur le territoire de *Vicence*, on voit des calcaires analogues à la craie, des dépôts de sédiment supérieur et des roches volcaniques anciennes : ces derniers produits offrent aux recherches du minéralogiste des globules de chalcédoine remplis d'air et d'eau. Dans le Monte-Bolca, on voit la lave alterner avec le calcaire schisteux rempli de poissons fossiles. Des grès verts forment le noyau de toutes les collines calcaires qui s'étendent dans le Frioul, et les collines basses d'*Oltre-Piane*. Le Véronais présente la même disposition : ses calaires sont remplis de corps organisés fossiles. Au pied des Apennins, s'étendent, dans le duché de Parme, des montagnes coquillières dont les couches sont inclinées au nord de 10 à 20 degrés; elles dominent le cours du Pô. Ce fleuve, qui traverse une grande étendue de terrains analogues à ceux des environs de Paris, charrie, comme tout les grands fleuves, les débris des montagnes qui l'entourent et du sol qu'il sillonne. L'action journalière de ses eaux accumule à son embouchure des dépôts qui, chaque jour, reculent les limites de la mer. Des recherches savantes ont servi à constater que depuis 1604, époque à laquelle on a cherché à le contenir par des digues, ce fleuve a tellement amoncelé les débris qu'il entraîne, que, dans sa partie la plus basse, la surface de ses eaux est maintenant plus élevée que les toits des maisons de *Ferrare*. A partir de la même époque, ses atterrissements ont reculé la mer de 15 kilomètres. L'antique *Hadria*, aujourd'hui *Adria*, était dans les temps anciens un port célèbre, puisqu'elle donna son nom à la mer Adriatique : elle est aujourd'hui à plus de 35 kilomètres du rivage. On a sans doute exagéré en évaluant à 120 mètres les envahissements annuels de ces atterrissements; mais ce qu'il y a de certain, c'est que les travaux des hommes n'ont pas peu contribué à les augmenter. On peut mesurer leur marche avec assez de précision : au XIIe siècle, la mer était éloignée d'Adria de 9 à 10 kilomètres; à la fin du XVIe, lorsqu'on eut ouvert une nouvelle route au fleuve, les promontoires de ces atterrissements les plus avancés dans la mer se trouvaient à 18 500 mètres d'Adria; leurs envahissements, plus forts encore depuis, peuvent être évalués à 70 mètres par an. Jadis le *Pô* était sujet à des crues qui se renouvelaient tous les 40 ou 50 ans. Elles sont devenues plus fréquentes. La marche des atterrissements de la Brenta menace Venise du même sort qu'Adria.

Au milieu de ces vastes plaines d'alluvions, à l'orient de l'Adige, entre la ville d'*Este* et *Padoue*, s'élève un groupe de montagnes volcaniques : ce sont les monts *Euganéens*.

Le sol de la Lombardie et celui du Piémont abondent en coquillages fossiles, mais les terrains meubles qui recouvrent les dépôts marins sont remplis d'ossements d'élans, de mastodontes, d'éléphants, de rhinocéros et d'autres grands quadrupèdes; dans les collines des environs de Plaisance, on a trouvé des os de cétacés. Des animaux aujourd'hui perdus habitaient donc les versants des Alpes et des Apennins avant que l'homme y eût établi son empire.

La chaîne des Apennins présente deux massifs : l'un se compose de granite, de *gabbro* (roche que les minéralogistes français appellent *euphotide*) et de serpentine, qui constituent le noyau de ces montagnes; l'autre est formé de calcaires saccharoïdes et de calcaires compactes, auxquels succèdent des couches siliceuses, et la roche sablonneuse appelée *macigno*. Ces calcaires saccharoïdes, que l'on regarde comme primitifs, offrent au ciseau du statuaire de très-beaux marbres blancs, dont le principal est celui de Carrare, sur le versant occidental de l'*Apennin septentrional*. En remontant vers le nord, ces calcaires anciens et d'autres de l'époque intermédiaire supportent des terrains de la dernière formation, auxquels appartiennent des argiles remplies de coquilles et d'autres dépôts de sédiment contenant des fragments de bois et des fruits de divers arbres conifères. A la base de l'*Apennin central*, s'étendent les mêmes terrains tertiaires : ils forment des collines composées en grande partie de marne argileuse, de sable calcaire et siliceux, dans lesquels on trouve du soufre, de la poix minérale et du sel. Le nombre de dépouilles organiques y est si considérable, qu'il surpasse peut-être celui des animaux qui peuplent la mer. Les roches granitiques de l'Apennin méridional, depuis les montagnes de Conegliano jusqu'à l'extrémité de l'Italie, sont plus visibles que dans le reste de la chaîne : leur couleur est jaune, et leur texture grenue et demi-cristalline; ils paraissent faire partie de la formation intermédiaire. Près du bord de la mer, les collines calcaires qui s'élèvent çà et là appartiennent au dépôt de sédiment supérieur. Dans la Calabre orientale, au bas des pentes de l'*Aspromonte*, on trouve de grands dépôts salifères : l'exploitation de *Lungro* est la plus considérable.

Sur le versant occidental de l'*Apennin central*, le séjour des mers, auxquelles ont succédé des lacs d'eau douce, est attesté par la nature du sol, et les produits volcaniques s'y sont amoncelés à une époque antérieure aux temps historiques. Là sont des *macignos,* ici les plus modernes des roches calcaires appelées *travertins,* dont la formation paraît être due à des sources minérales contenant de l'acide carbonique; ils ont servi à la construction de la plupart des monuments de l'ancienne Rome; ils se présentent en bancs puissants dans les environs de cette ville. D'autres calcaires, qui se forment encore, indiquent la marche qu'a suivie la nature aux époques les plus reculées ; on doit les distinguer sous le nom de *calcaires incrustants.* Les eaux qui descendent de la chaîne du mont *Velino* tiennent en suspension du carbonate de chaux, qui se dépose dans le lac *Velino,* aux cascades de *Terni* et à celles de *Tivoli.* « Les chutes d'eau ou cascades de Tivoli, dit Brongniart, ne sont pas dues à des escarpements du calcaire compacte qui forme la masse de ces montagnes (celles qui dominent Rome), mais à un barrage de la vallée produit par les dépôts des eaux qui en sortent, et qui étaient, dans les derniers temps, beaucoup plus chargées de calcaires qu'elles n'en contiennent actuellement. Cette agitation des eaux donne à ce dépôt des ondulations qu'on ne lui voit pas dans la plaine, et sa précipitation, moins abondante, permet au calcaire de prendre une texture et un aspect cristallin qui l'éloignent du travertin pour le rapprocher des albâtres. Cette même disposition, due aux mêmes causes, s'observe dans tous ses détails aux belles cascades de Terni. On trouve d'abord, dans les environs et dans les parties basses du travertin, un calcaire d'eau douce compacte, et après *Rieti,* au confluent du Velino et de la Nera, cette petite rivière se précipite en cascade d'un barrage de calcaire concrétionné cristallin, formé par la même voie et sur le même sol fondamental de calcaire compacte qu'à Tivoli. »

Ce calcaire est fortement coloré, sa teinte est d'un brun rougeâtre ; quelquefois on y trouve des coquilles d'eau douce; mais, dans d'autres localités, il est de la plus grande blancheur. Sur une colline évidemment moderne, au nord-ouest de *Radicofani,* près des frontières de la Toscane, les eaux de Saint-Philippe, utilisées comme moyen curatif, le sont encore par la propriété dont elles jouissent de déposer un sédiment très-fin et du plus beau blanc. On les fait tomber en pluie sur des moules en creux, et l'on obtient ainsi, par voie d'incrustation, de très-jolis bas-reliefs.

Les lacs dans lesquels se sont déposés les travertins antiques des environs de Rome ont formé le *Quirinal,* l'*Aventin* et les monts *Marius* et *Cœlius;* mais le *Janicule* et la roche du *Vatican* attestent par leurs mollusques la présence des eaux marines. D'autres roches, et des déjections volcaniques, agglomérées par un ciment calcaire, constituent le sol de la ville antique. Quelques-uns des sédiments de ses environs renferment des ossements d'animaux terrestres dont les espèces sont perdues.

Des bords du Pô jusqu'aux extrémités de l'Italie, on a reconnu des traînées de matières volcaniques sur les versants des Apennins. Aux extrémités de ces produits des feux souterrains, se développe le phénomène des *salses,* dans lequel le gaz hydrogène est le principal agent. Celle de *Sassuolo,* aux environs de *Modène,* est connue de tous les curieux : un bâton, plongé dans cette espèce de volcan boueux, détermine l'eau à s'élever en forme de jet. Nous parlerons des autres en décrivant la Sicile. Au bas du versant des Apennins qui se dirige vers le golfe de Naples, des cratères de diverses dates se sont accumulés sur le sol même que l'homme foule aujourd'hui, et la décomposition des laves a contribué à fertiliser ses champs. Toute la plaine de la Campanie est couverte de déjections volcaniques; Naples est bâtie sur des courants de lave. Les lacs Averne et d'Agnano sont sans doute d'anciens cratères. La Solfatare, reste d'un volcan de forme elliptique, ne produit plus que des vapeurs sulfureuses; le sol, caverneux, y retentit sous les pas du voyageur; le soufre et l'alun que l'on en retire semblent être une inépuisable richesse pour l'industrie. Les curieux ne manquent point d'aller visiter la *grotte du Chien;* mais elle a beaucoup perdu de sa réputation depuis que l'on connaît, dans plusieurs contrées volcaniques, d'autres cavernes d'où s'exhale l'acide carbonique. Le lac *Lucrin* offre un autre intérêt; il était jadis plus considérable, et communiquait avec la mer. L'éruption du mois de septembre 1558 forma dans son sein un petit volcan qui, pendant sept jours, rejeta des matières enflammées, et dont la lave forme aujourd'hui une colline de 2 600 mètres de circonférence à sa base et de 130 de hauteur : il est connu sous le nom de *Monte-Nuovo.* Depuis l'éruption de cette hauteur, le lac Lucrin n'est plus qu'un étang de peu d'étendue. Toute cette partie du territoire napolitain qui est comprise entre Naples, le promontoire Misène (à l'extrémité occidentale de la baie de Pouzzoles) et le cours du Sebato et du Sarno, a été désignée par les anciens sous le nom de *Champs Phlégréens* (champs enflammés), à cause des ravages des feux souterrains, dont les traces sont partout évidentes.

Le Vésuve est le chef de tous les petits volcans modernes du territoire de Naples. Aussi actif qu'il y a dix-huit siècles, il est le seul en Europe qui rejette des roches de différentes natures sans les altérer. Dans l'éruption qu'il éprouva en 1822, sa hauteur diminua d'environ 30 mètres ; le point le plus septentrional de sa cime a 1 270 mètres d'élévation absolue; les parois de son cratère offrent la succession d'un grand nombre de couches de lave, qui pourraient presque servir à calculer le nombre de ses éruptions. Dans cette cavité conique, on a plusieurs fois observé des laves prismatiques presque aussi régulières que les plus beaux prismes de basalte. Le mont *Somma,* qui était le sommet du Vésuve au temps de Strabon, l'entoure aujourd'hui en partie, et n'en est séparé que par la colline volcanique de *Cantaroni.* Près du sommet, la lave retentit sous les pas : il semble qu'elle soit prête à s'engloutir dans le gouffre qu'elle recouvre; des vapeurs brûlantes sortent d'un grand nombre de petites crevasses tapissées de soufre en efflorescence, et dans lesquelles la flamme se manifeste lorsqu'on y présente une matière combustible. Cette montagne volcanique est isolée au milieu d'une plaine; elle n'est formée que de matières vomies du sein de la terre, en sorte que sa masse donne la mesure exacte de la cavité d'où elles sont sorties. Sa base est divisée en propriétés de peu d'étendue, mais très-fertiles : on peut juger de la richesse du sol que forme la lave en se décomposant, par la quantité d'habitants comparée à sa superficie : chaque kilomètre carré nourrit plus de 1 200 individus. On est d'abord étonné de la sécurité de cette population, qui semble être à chaque instant menacée d'une destruction complète; mais on est bientôt tranquillisé par l'idée que chaque éruption est annoncée à l'avance par des indices certains : la terre est ébranlée, un bruit sourd fait retentir ses entrailles, les puits tarissent, et les animaux errent épouvantés. Averti du danger, l'homme a le temps de s'échapper et de mettre à l'abri ce qu'il a de plus précieux. Dans les intervalles de ses éruptions, ce volcan rejette sans cesse des tourbillons de fumée.

La richesse minérale de l'Italie consiste plutôt en substances pierreuses qu'en substances métalliques ; toutefois, elle n'est pas sans importance : n'a-t-elle point la serpentine du revers méridional des Alpes, le porphyre des Apennins, le marbre de *Carrare,* l'albâtre de *Volterra,* le marbre brèche de *Stazzema,* composé d'une réunion de fragments de diverses couleurs ; le marbre noir de *Pistoie,* le vert de *Prato,* les brocatelles de *Piombino,* la pierre calcaire de *Florence,* dont les plaques polies représentent des ruines ou d'élégantes herborisations, formées de molécules de manganèse ; la baryte sulfatée du mont *Paderno,* dont on fait, par la calcination, la pâte appelée phosphore de *Bologne ;* les jaspes de *Barga,* les chalcédoines de la *Toscane,* le lapis-lazuli des environs de *Sienne,* le jargon du *Vicentin,* le grenat du *Piémont,* l'hyacinthe du *Vésuve,* les mines d'argent, de plomb et de fer de la *Sicile* et de la *Sardaigne ;* le soufre de ses terrains volcaniques ?

Pour nous résumer sur la géologie générale de la péninsule Italique, nous dirons que la ceinture des Alpes qui l'enveloppe offre des masses où dominent le granite, le gneiss, le micaschiste, le terrain carbonifère supérieur et le terrain jurassique ; que les terrains éocène et jurassique forment la plus grande partie des Apennins ; que les terrains alluviens et diluviens composent les vastes plaines du bassin du Pô ; qu'une longue bande de terrain pliocène, appelé aussi *subapennin,* règne le long de la mer Adriatique et de la mer Ionienne ; qu'une étendue considérable de ce même terrain occupe presque toute la Toscane ; que le terrain crétacé forme des bandes assez vastes sur les flancs de l'Apennin central et sur la côte occidentale ; qu'enfin le terrain volcanique présente son massif le plus étendu au nord de Rome, depuis le Tibre jusqu'au delà du lac de Bolsena ; son massif ensuite le plus considérable autour de Naples ; un troisième très-remarquable, enfin, autour du lac d'Albano, sans compter de petits groupes épars, comme les monts Euganéens, au nord.

De nombreuses îles forment une partie intéressante du territoire de l'Italie ; les plus importantes sont la *Sicile,* la *Sardaigne,* et nous pourrions même dire la *Corse,* puisque, considérée physiquement, celle-ci n'est qu'un démembrement de l'autre. Celles qui viennent ensuite sont : au sud de la Sicile, *Malte, Gozzo* et *Pantellaria ;* puis, entre la Sicile et le continent italique, les îles d'*Éole* ou de *Lipari ;* à l'entrée du golfe de Naples, *Ischia* et *Capri ;* un peu plus loin, les îles de *Ponce ;* enfin l'île d'*Elbe,* entre la Toscane et la Corse.

La Sicile (l'ancienne *Trinacria*), située entre l'Europe et l'Afrique, est la plus grande des îles de la Méditerranée. Sa longueur est d'environ 250 kilomètres, et sa largeur moyenne, de 100 kilom. ; elle a 1 020 kilom. de tour, et 24 475 kilomètres carrés de superficie. Une chaîne de montagnes qui fait suite aux Apennins s'y divise en trois branches, dont les extrémités se terminent par trois caps principaux : le cap *Boco* (Lilybœum), à l'ouest ; le cap *Passaro* (Pachynum), au sud-est, et le cap *Faro* ou *Peloro* (Pelorum), au nord-est. Ces trois branches partagent la masse triangulaire de l'île en trois versants : celui du nord, celui de l'est et celui du sud-ouest. Ils donnent naissance à un grand nombre de cours d'eau ; les plus importants sont, au midi, le *Belici*, le *Platani* et le *Salso ;* à l'est, la *Giaretta ;* le versant septentrional, étroit et rapide, n'est sillonné que par des ruisseaux.

La roche principale qui sert de charpente aux montagnes de la Sicile est, suivant Spallanzani, un granite qui se décompose facilement ; mais les caractères qu'il lui donne nous portent à croire que cette roche est du nombre de celles qui sont postérieures aux êtres organisés, c'est-à-dire qui rentrent dans la catégorie des *syénites*, des *diorites* et des *protogynes*. Sur ce noyau granitoïde, s'appuie un calcaire rempli de madrépores et de mollusques marins. On y remarque aussi des schistes argileux et des poissons fossiles. On observe, sur les bords de la mer, des poudingues et des grès, dont les cailloux et les grains de sable sont réunis par un ciment calcaire qui se forme tous les jours sous les eaux ; ils sont visibles surtout aux environs de Messine. On a souvent trouvé, dans les sables qui leur donnent naissance, des fers de flèches, des médailles et des ossements humains ; ainsi la nature peut encore être prise sur le fait dans la formation de certaines roches. C'est sur le versant oriental de la Sicile que s'élève le mont *Gibello* ou l'*Etna*, volcan si considérable, que le Vésuve ne serait qu'une colline auprès. Il est divisé en trois régions végétales : la première est celle de la canne à sucre et du blé, la seconde celle des vignes et de l'olivier, la troisième celle des plantes boréales et des neiges.

La végétation est magnifique au pied de l'Etna ; les arbres y atteignent des dimensions prodigieuses : plusieurs châtaigniers ont jusqu'à 5 mètres de diamètre ; le célèbre châtaignier *dei cento cavalli*, ainsi nommé parce que cent chevaux peuvent s'abriter sous ses rameaux, est un des plus beaux arbres que l'on connaisse : sa circonférence est de 40 mètres. Sur la pente méridionale, on remarque, dans la seconde région, la grotte des Chèvres, et, à peu de distance, le *monte Nero* et le *monte Capreolo*, deux montagnes enfantées par l'Etna. Dans une région plus élevée, se dressent les débris de la tour du Philosophe, qui rappelle vaguement le souvenir d'Empédocle.

Une des plus importantes des dernières éruptions est celle de 1812, qui dura six mois ; celle de 1819 fut considérable. Un voyageur qui en fut témoin vit sortir la lave sous ses pieds : elle formait un courant de 20 mètres de largeur sur la montagne, et de 400 à sa base. Elle ravagea une étendue de 9 kilomètres, embrasant les arbres qu'elle touchait. Au-dessus de la bouche qui la vomissait, un cratère lançait des pierres à 300 mètres de hauteur (1).

(1) La dernière éruption eut lieu en 1853. Depuis l'époque historique, le nombre des éruptions s'élève à 96 :

		Report.	16
Avant l'ère chrétienne.	10	Au quatorzième.	3
Au premier siècle de cette ère.	1	Au quinzième	4
Au troisième	1	Au seizième.	9
Au neuvième	1	Au dix-septième	22
Au douzième.	2	Au dix huitième	32
Au treizième.	1	Depuis le commencement du dix neuvième.	11
À reporter.	16	TOTAL.	97

On connaît dans l'île plusieurs salses semblables à celles de Modène : l'une est celle de *Valanghe della Lallomba*, l'autre celle de *Terra Pilata*, et la troisième celle de *Macaluba*. La première est la moins importante ; elle cesse d'être en mouvement pendant les grandes chaleurs. La seconde consiste en une éminence divisée par plusieurs fentes ; un grand nombre de petits cônes y lancent à 2 ou 3 mètres de hauteur de la fange et du gaz, d'autres du gaz hydrogène seul ; plusieurs cônes, profonds de 1 à 2 mètres, rejettent constamment de l'hydrogène, qui s'enflamme dès qu'on en approche une substance incandescente. La salse de *Macaluba*, formant un monticule de 100 mètres de hauteur, produit des phénomènes un peu différents : Dolomieu lui donne le nom de volcan d'air. De ses petits cratères s'exhalent des bulles de gaz qui, rompant l'argile qui les recouvre, produisent un bruit semblable à celui d'une bouteille que l'on débouche. Ce monticule renferme une source d'eau salée ; sur le sol calcaire de ses environs, s'élèvent d'autres monticules d'argile grisâtre, qui contiennent du gypse. Le terrain de *Terra Pilata* doit le nom qu'il porte à sa stérilité : il n'y croît aucun végétal.

Les terres de la Sicile sont douées de la plus grande fertilité : l'olivier y est plus grand et plus robuste que dans les autres parties de l'Italie ; le pistachier y est abondant, et le cotonnier cultivé avec beaucoup de soin ; mais les forêts y sont depuis longtemps épuisées, au point que le bois y est extrêmement rare. La culture des fèves y remplace l'usage des jachères ; l'abeille est une des principales richesses du pays : le miel de Sicile est justement estimé. Les animaux n'y diffèrent point de ceux de la Calabre, et, parmi les oiseaux, le plus fidèle au sol, et le plus recherché pour son chant plein d'harmonie, est le merle solitaire (*turdus cyaneus*).

Ne quittons pas la Sicile sans examiner une question sur laquelle plusieurs savants ont été divisés : la Sicile a-t-elle fait partie jadis du continent ? Dans cette question, ceux qui nient la possibilité de cette séparation ont peut-être passé trop légèrement sur les traditions rapportées par les anciens. Pline et Pomponius Méla l'ont admise comme un fait incontestable. Les poëtes décrivirent cette catastrophe : Virgile et Silius Italicus en fournissent la preuve. Une tradition populaire peut n'être point d'un grand poids aux yeux des savants, lorsqu'elle est opposée au témoignage de la raison et aux faits qui forment la base d'une science ; mais lorsqu'elle s'accorde avec ces témoignages et ces faits, elle doit être considérée comme une preuve de quelque importance. Il est vrai qu'au premier abord l'autorité de l'histoire a droit à plus de confiance qu'une simple tradition qui se perd dans la nuit des temps ; mais, en y réfléchissant, on sent que, pour peu que l'on remonte à une certaine antiquité, l'histoire même se confond avec les fables ; et l'imagination peut facilement se transporter à une époque où les peuples ignoraient l'art de fixer les idées par le moyen de l'écriture, où l'histoire ne reposait que sur des traditions. Une objection importante en apparence a été faite par *Cluvier* contre la possibilité de la catastrophe dont nous nous occupons : il dit que le cours des rivières sur les dernières pentes de l'Italie, du côté de Messine, indique une inclinaison générale et ancienne du terrain vers la mer ; mais, en admettant que la chaîne *Apennine*, minée par les feux souterrains, s'est rompue à l'endroit même où une dépression séparait les deux sommets ; en admettant surtout qu'au moment de cette rupture les eaux de la mer se seront précipitées avec violence dans le détroit de Messine, elles auront dû contribuer à adoucir les pentes qui terminent l'Italie d'un côté, et les caps de Messine et de Faro de l'autre. Voilà ce qu'on peut répondre aux objections relatives à la configuration actuelle du terrain : mais que répondra-t-on aux observations géologiques qui prouvent que les montagnes de la Sicile sont formées des mêmes roches que celles de l'Apennin? Regardera-t-on comme une rêverie l'idée qu'un violent tremblement de terre ait pu faire écrouler une partie de cette chaîne sur une largeur de moins d'une lieue, sous prétexte qu'il n'est point vraisemblable que l'Apennin méridional soit miné, et pour ainsi dire placé sur d'immenses cavités, lorsqu'on sait avec quelle intensité les feux souterrains ébranlent la Calabre, lorsque ceux-ci ont formé une montagne aussi importante que l'Etna, lorsqu'ils ont soulevé au milieu des flots les sommités volcaniques auxquelles on donne le nom d'îles *Lipari?*

A environ 6 kilomètres au sud-est du cap de Faro, s'élève un rocher, fameux dans l'antiquité comme le plus redoutable écueil. Coupée à pic, la base de *Scylla* est percée de plusieurs cavernes; les flots qui s'y précipitent se replient, se brisent et se confondent en produisant un bruit effrayant, qui explique pourquoi Homère et Virgile ont peint Scylla poussant d'horribles hurlements dans sa profonde retraite, entouré de chiens et de loups menaçants. *Charybde,* aujourd'hui *Calofaro,* à 272 mètres du rivage de Messine, ne ressemble point à la description qu'Homère en a faite; ce n'est pas un gouffre, c'est un espace ayant à peine 32 mètres de circonférence, qui éprouve le remous que l'on remarque en mer dans tous les passages étroits.

Entre la Sicile et l'Afrique, *Malte, Gozzo* et *Comino* forment une superficie de 440 kilomètres carrés. La première, longue de 22 kilomètres et large de 12, est un rocher calcaire couvert d'une légère couche de terre végétale que la chaleur de son climat rend fertile. Plus de 80 sources l'arrosent. Ses oranges célèbres et d'autres fruits exquis, la beauté de ses roses, les douces exhalaisons de mille fleurs diverses, son miel délicieux, le fécondité de ses brebis et de ses bestiaux, s'accordent peu avec l'idée qu'on doit se faire d'un sol sur lequel on est obligé d'apporter de la Sicile la terre végétale, lorsqu'on veut y créer des jardins. La petite île de Comino est une pointe de rocher d'environ 500 pas de circonférence, qui doit son nom à la grande quantité de cumin qu'on y cultive. Gozzo, hérissée de montagnes, a 18 kilomètres de long sur 9 de large ; elle est fertile en coton, en grains et en plantes potagères. Plus près de l'Afrique que de la Sicile, l'île volcanique de *Pantellaria* (l'antique Cossyra) n'offre de tous côtés que des pentes abruptes et des cavernes. Au centre, un lac de 800 pas de circuit et d'une immense profondeur occupe la cavité d'un ancien cratère; ses eaux sont tièdes et ne nourrissent point de poissons. Du pied de la plupart des montagnes arides et brûlées, sortent des sources bouillantes. Les parties du sol les moins rebelles à la culture produisent du raisin, des figues et des olives. *Lampedouse* (peut-être l'*Ogygie* ou île de *Calypso* de l'antiquité), plus près de l'Afrique que de Malte, a un peu plus de 40 kilomètres carrés. Elle appartient au royaume des Deux-Siciles. Les petites îles de *Lampione* et *Linosa* en dépendent aussi.

Au mois de juillet 1831, apparut, à 55 kilomètres au sud-ouest de la Sicile, une île volcanique qui reçut des Français le nom de *Julia*, des Anglais celui de *Graham*, et des Siciliens celui de *Ferdinanda*. Quelques mois après son apparition, les flots la recouvrirent.

Près des côtes occidentales de la Sicile, les trois îles *Égades* (*Favignana*, *Marettimo* et *Levanzo*) sont peu dignes de fixer l'attention. On y élève des abeilles. — Au nord, toutes les îles ne sont que d'anciens cratères. A 47 kilomètres du cap *Gallo*, *Ustica* est dominée par trois petits sommets volcaniques qui, sous la domination phénicienne, étaient depuis longtemps éteints. Son sol noirâtre et fertile produit du raisin, des olives et du coton. A l'est de cette île, s'étendent celles d'*Éole* ou de *Lipari*; elles sont au nombre de 16. *Basilluzzo* et les trois *Pinarelli* ne sont que des écueils composés de laves granitiques et de laves poreuses, recouvertes de sulfate d'alumine. Cependant Basilluzzo renferme quelques habitations. On prétend qu'autour de ces îlots le gaz hydrogène s'élève à la surface des eaux. Le sol d'*Alicudi* ou *Alicuri* est couvert de laves globuliformes. Spallanzani y a remarqué une masse de porphyre qui ne paraît point avoir subi l'action du feu. *Filicuri* ou *Felicudi* est intéressante par les couches de laves et de tufa ou *péperin*, qui alternent, et par une vaste cavité que l'on appelle la *grotte du Bœuf Marin*, longue de 65 mètres, large de 40, et haute de 25. Le même savant y observa un bloc de roche granitique, analogue à celle que l'on remarque près de *Milazzo*, en Sicile. Ce bloc, qui paraît avoir été transporté par les eaux, ne prouverait-il point qu'une éruption marine a contribué, avec l'action des feux souterrains, à séparer la Sicile de l'Italie? *Salina*, d'une circonférence de 16 kilomètres, a un cratère. Fertile en vins très-recherchés, elle doit son nom à l'abondance du sel que l'on retire d'un lac séparé de la mer par une petite digue de laves amoncelées par les flots. La chaleur du soleil fait les principaux frais de cette exploitation : l'eau, en s'évaporant des fosses que l'on y pratique après avoir mis le lac à sec, laisse une épaisse couche de sel. Lipari, la plus grande de ces îles, a près de 30 kilomètres de tour; elle est couverte de laves feldspathiques, d'obsidienne et de pierre ponce, dont elle approvisionne toute l'Europe. La montagne de *Campo-Bianco*, d'où on la retire, est composée de conglomérats ponceux, renfermant des restes de végétaux, et formant des couches parallèles qui alternent avec les ponces. *Vulcano*, un peu moins étendue, offre deux cratères, dont l'un paraît être épuisé, et dont l'autre, d'une vaste dimension, envoie dans les airs des tourbillons de fumée. On évalue sa profondeur à 1400 mètres, et son diamètre à 770. On peut descendre dans le cratère éteint; on y voit une grotte revêtue de stalactites de soufre. L'île renferme une autre grotte, dont les murs sont recouverts de soufre, de sulfate d'alumine et de muriate d'ammoniaque, ainsi qu'un petit lac dont les eaux chaudes dégagent de l'acide carbonique. Les produits volcaniques de *Panaria* n'ont rien de particulier : il y croît, comme à Lipari, du blé, des olives, des figues et d'excellents raisins. *Stromboli*, la plus septentrionale de ces îles, n'est qu'un volcan escarpé, dont le cratère, ouvert sur l'un de ses flancs, est toujours en feu. Dans ses moments de calme, les éruptions se renouvellent deux fois dans un quart d'heure. Sa lave contient de beaux cristaux de fer oligiste.

L'entrée du golfe de Naples est défendue par trois îles : à droite, celle de *Capri* ou *Caprée;* à gauche, celles d'*Ischia* et de *Procida*. La première, large de 4 kilomètres, et longue de 7, n'offre aucune trace de volcanisation; un rocher calcaire, qui s'élève à pic, sépare l'île en deux parties. On y monte par un escalier de 500 marches, qui sert à faire communiquer les habitants de l'une à l'autre. Le pavé d'un palais construit par Tibère est maintenant couvert par les flots. On prétend que dans certaines saisons les cailles se rassemblent en si grand nombre sur les terres les plus fertiles de l'île, qu'on en prend pour plus de 100 ducats par jour. Ischia, autrefois Ænaria, compte 32 kilomètres de circonférence; son sol est entièrement volcanique; la lave y a recouvert les derniers dépôts marins. Strabon dit que ses anciens habitants tiraient de grands avantages de sa fertilité et de ses mines d'or; mais il est probable que le géographe grec a commis une erreur, car on ne trouve dans ses laves aucune trace de ce métal. Ses anciens volcans, le *Monte di Vico* et l'*Epopeo*, rivalisent de hauteur avec le *Vésuve*. L'éruption qui se manifesta en 1302 dura deux mois, et fit déserter l'île; mais aujourd'hui elle est très-peuplée. On y récolte d'excellents vins; ses sources minérales et ses étuves attirent un grand nombre d'étrangers. *Procida* (ancienne *Prochyta*), placée entre le continent et la précédente, n'a que 13 kilomètres de circonférence; c'est un des points du globe les plus peuplés : elle nourrit 15 000 habitants. Son sol volcanique, formé de plusieurs dépôts successifs de laves, abonde en orangers, en figuiers et en vignes.

A l'ouest d'*Ischia*, s'étendent les îles de *Ponce* ou *Ponza;* elles sont au nombre de cinq : *San-Stephano, Vandotena (Pandataria), Zannone, Ponza* et *Palmarola*. Plusieurs îlots s'élèvent entre ces îles, dont la plus considérable est *Ponza,* longue de 9 kilomètres, et large de 2. Elle est formée, comme celles qui l'entourent, de roches trachytiques, restes d'antiques embrasements, qui ont coulé au milieu de dépôts volcaniques pulvérulents. L'un des points les plus élevés de l'île est la montagne *della Guardia*. Dans l'île de *Zannone,* la roche repose sur des calcaires appartenant à la formation intermédiaire. Vers le nord, entre la Corse et la Toscane, on voit plusieurs autres îles; les plus méridionales sont *Gianuti,* autrefois *Artemisia; Monte-Cristo,* l'ancienne *Oglosa,* habitées par quelques pêcheurs, et *Giglio,* connue des Romains sous le nom d'*Ægilium*. Celle-ci est hérissée de collines couvertes de bois; on y exploite des granites et des marbres estimés; son territoire produit beaucoup de vins. *Pianosa,* l'antique *Planasia,* île boisée, mais peu habitée, est peu éloignée de l'île d'*Elbe*. Au nord de celle-ci, à la hauteur du cap Corse, est *Capraja* (l'ancienne *Capraria* ou *Ægilon*), petite île volcanique et bien peuplée; et, vis-à-vis de Livourne, *Gorgona,* plus petite encore, est couverte de bois, et sert de rendez-vous aux pêcheurs de sardines. L'île d'Elbe, si renommée pour ses mines de fer, dont l'exploitation remonte à la plus haute antiquité, était appelée *Æthalia* par les Grecs, et *Ilva* par les Romains; elle a environ 120 kilomètres de circonférence. Le granite, le schiste micacé et le calcaire-marbre sont les principales roches qui composent les montagnes qui la traversent de l'est à l'ouest. La plus haute de leurs cimes est la *Capanna*. Malgré quelques marais infects, le climat y est salubre. On n'y voit point de rivières; le ruisseau du *Rio* est son seul cours d'eau, mais les sources y sont abondantes et ne tarissent jamais. On y connaît quelques eaux minérales; on y fait de très-bons vins. Ses pâturages occupent peu d'étendue, mais ils sont excellents.

L'île de *Sardaigne*, dont la longueur du nord au sud est de 270 kilomètres, et la plus grande largeur de 135, offre une superficie de 24 000 kilomètres carrés. Sa charpente, formée de granite qui contient des couches et des filons de *quartz*, de *syénite* et de *grunstein*, ou de *diorite*, est recouverte de schiste micacé, surtout aux deux extrémités. Ces roches constituent, entre autres, le mont *Gennargentu*, le point le plus élevé du pays. Les mêmes roches se montrent à l'extrémité nord-ouest, dans les monts *della Nurra*. Les branches méridionales et septentrionales, composées de terrains intermédiaires et de calcaire secondaire, sont souvent recouvertes de trachytes, qui supportent des terrains tertiaires, sur lesquels reposent des basaltes, ainsi qu'on le remarque dans les monts *del Marghine*, au centre occidental de l'île. Ces masses volcaniques semblent avoir été démantelées, dégradées et sillonnées par des courants aqueux agissant dans la direction du nord au sud. Les eaux douces n'ont point été étrangères à ces grandes catastrophes, puisqu'il existe auprès de Cagliari un terrain formé de brèches osseuses contenant des débris de petits animaux rongeurs, des dents de ruminants et des coquilles terrestres. Les cratères qui ont vomi les produits ignés n'ont point laissé de traces. Près de *Giave*, on voit un petit volcan moderne que caractérisent des pouzzolanes et des scories. Dans les montagnes de la Sardaigne, l'existence de l'or est fort incertaine, mais on y connaît plusieurs mines de plomb, de mercure et de fer. L'argent et le cuivre y sont rares.

Les principales rivières sont : sur le versant occidental de la grande chaîne, l'*Ozieri*, au nord, l'*Oristano* ou *Tirso*, au centre, et le *Samassi*, au sud ; sur le versant opposé, nous ne citerons que la *Flumendosa*. L'*Oristano* a 90 kilomètres de cours; les plus considérables après celui-ci n'en ont pas plus de 60. La Sardaigne a de nombreux étangs dont les eaux sont plus ou moins salées; qualité qu'elles doivent au voisinage de la mer ou aux terrains de formation salifère qu'elles traversent.

Le climat de cette île est tempéré ; elle est souvent exposée aux funestes effets d'un vent de sud-est, le *levante*, qui est le *scirocco* des Napolitains. Strabon, Tacite, Cicéron et Cornélius Nepos parlent de l'insalubrité de la Sardaigne. Les mêmes effets sont encore aujourd'hui produits par les mêmes causes ; les miasmes qui s'exhalent des marais, surtout après les premières pluies, font naître des fièvres intermittentes fort dangereuses. Le climat est très-sain l'hiver.

La cinquième partie du sol de la Sardaigne est couverte d'antiques forêts de chênes, dont les principales espèces sont le chêne commun (*quercus robur*), l'yeuse (*quercus ilex*), et le chêne-liége (*quercus suber*). L'île offre trois zones végétales différentes : celle des montagnes ou la plus élevée est tout à fait analogue au climat de la Corse; celle des plaines et des côtes septentrionales ressemble à celui de la Provence et d'une partie de l'Italie ; enfin celle des plaines et des côtes méridionales rappelle la nudité de l'Afrique. L'agriculture est encore peu avancée dans cette contrée.

L'île ne renferme aucune bête féroce. Cependant la faune est très-variée : parmi les animaux sauvages, les plus importants par leur taille sont le cerf, le daim, la

chèvre et le sanglier. Ils sont cependant plus petits que sur le continent. Le mou-
flon se distingue de celui de la Corse par la forme de ses cornes, qui se rap-
prochent de celles du bélier. La Sardaigne nourrit aussi la plupart de nos petits
quadrupèdes, comme le renard, le lapin, le lièvre, la belette, etc. Les animaux
domestiques s'y distinguent par des caractères particuliers : le cheval est petit,
sobre, vigoureux, et peut se rendre utile jusqu'à 20 ou 30 ans ; l'âne est petit et
couvert de longs poils ; le bœuf, comme celui de Hongrie, est vif, agile, fougueux
et muni de cornes d'une grandeur extraordinaire ; la chèvre est le seul animal qui
n'offre point cette dégradation de taille que l'on remarque chez les quadrupèdes
de la Sardaigne.

Le roi des oiseaux plane au-dessus des montagnes ; le lâche vautour dévore
dans la plaine les cadavres putréfiés ; la fauvette, le merle et la grive habitent les
bocages et les guérets ; la perdrix de roche se tient dans les broussailles et sur les
sommets arides ; les flammants arrivent d'Afrique vers le milieu d'août ; deux
mois plus tard, les cygnes, les canards et les oies, sortis des régions septentrionales, les joignent, et sont suivis des hérons, des foulques et des cormorans. La
marche tardive de la végétation, le dessèchement subit de la plupart des plantes,
rendent les insectes plus rares en Sardaigne que dans les autres contrées méridionales de l'Europe. On y trouve cependant la tarentule, une espèce de scorpion
peu dangereuse, les sauterelles, et une grande quantité de cousins. L'abeille fournit un miel excellent, qui, dans quelques contrées, prend une amertume qui n'est
point désagréable et que l'on attribue aux fleurs de l'arbousier. L'île ne nourrit
d'autres reptiles que plusieurs espèces de lézards et une très-petite couleuvre. La
plupart de nos poissons peuplent ses eaux douces et marines : on pêche sur ses
côtes une grande quantité de ces petits poissons si vantés sous le nom de *sardines*.
Les seuls amphibies remarquables que l'on trouve sur ses rivages sont deux espèces de phoques.

La *Sardaigne* est environnée de petites îles, dont les plus importantes sont :
au sud-ouest, *San-Antioco* et *San-Pietro ;* au nord-ouest, *Asinara ;* au nord-est,
la *Madalena, Caprera* et *Tavolara. San-Antioco,* l'*Enosis* des Romains, a
36 kilomètres de tour, des terres fertiles et des salines. *San-Pietro,* divisée du
nord au sud par une colline, est l'ancienne *Hieracum :* sa circonférence est d'environ 35 kilomètres. Ses habitants pêchent le corail, exploitent des salines, et cultivent un sol fertile. *Asinara,* l'*Insula Herculis* des anciens, longue de 18 kilomètres, large de 9, est montagneuse, couverte de pâturages, et cependant ne renferme que quelques cabanes de bergers et de pêcheurs. *Tavolara,* rocher calcaire habité par des chèvres sauvages, était fréquentée par les anciens, qui allaient
pêcher sur ses côtes le mollusque dont ils tiraient la pourpre.

Pour terminer la description des îles italiennes, nous devons ajouter les petites
îles *Tremiti* (îles de *Diomède* dans l'antiquité), situées dans l'Adriatique, au nord
du promontoire Gargano ; elles manquent de sources, mais produisent de l'huile
excellente et de bons fruits. La plus considérable est *San-Dominico*.

DEUXIÈME SECTION. — DESCRIPTION POLITIQUE.

États Sardes et Lombards.

SAVOIE, PIÉMONT, TERRIT. DE NICE ET DE GÊNES, ÎLE DE SARDAIGNE.

Les États Sardes sont au premier rang parmi les États italiens. Sœur de la France par le voisinage et par de longues alliances, la Sardaigne est parvenue à un haut degré de splendeur et d'éclat sous le règne de plusieurs souverains courageux et libéraux (1). Elle s'est assuré, par sa politique éclairée et par ses fermes institutions, la place qu'elle devait occuper en Europe.

La partie continentale est renfermée entre la France, la Suisse, le golfe de Gênes et le Tésin. Elle comprend quatre contrées : l'une, la *Savoie*, berceau de la monarchie, est séparée du reste des États Sardes par la chaîne des Alpes Grecques ; la seconde, le *Piémont*, qui s'étend au pied des montagnes, dans le bassin du Pô, est composée de plaines fertiles et parsemée d'une quantité considérable de villes et de villages ; les deux autres parties du continent sarde sont des régions maritimes : l'une est le *territoire de Nice*, qui a eu longtemps le titre de comté ; l'autre est le *territoire de Gênes*, auquel on a donné le titre de *duché de Gênes*.

La Savoie, hérissée de montagnes, a un climat âpre, un sol en général pierreux et peu favorable à l'agriculture. Dans la région méridionale des États Sardes, la surface est aussi couverte de montagnes, dont les cimes sont généralement nues ; mais les pentes en sont boisées ou couvertes de pâturages, et leurs bases, plantées de citronniers, d'oliviers et de vignes, offrent le plus riant aspect. Le sol du Piémont est fort riche : une multitude de canaux, de ruisseaux, de rivières, l'arrosent et y entretiennent une fécondante humidité. L'hiver y est court et rarement rigoureux : les vents qui y soufflent le plus fréquemment sont ceux de l'ouest, du nord et de l'est ; sur le littoral, celui du nord est arrêté par la chaîne de l'Apennin et y exerce peu d'influence, tandis que dans le Piémont, et surtout dans la Savoie, il se fait plus vivement sentir.

Les principales productions sont le riz, le maïs, le blé et autres céréales, le lin, le chanvre, le tabac, le vin. Les vins les plus estimés sont ceux du Montferrat.

Les champs et les prairies sont entourés de mûriers, d'ormeaux et de peupliers.

Les grandes forêts de la Savoie tendent de jour en jour à devenir moins considérables.

La minéralogie, qui, dans les montagnes de la Savoie, du Piémont, de la Ligurie et de la Sardaigne, est aujourd'hui l'objet d'études et de recherches importantes, brille dans les collections de minéraux de la Chambre de Chambéry et de l'Institut technique de Turin. Le fer de la vallée d'Aoste est d'excellente qualité ; à l'exposition universelle de 1855, les échantillons de marbre et d'ardoise étaient très-remarquables.

L'industrie sarde a fait de sensibles progrès dans ces dernières années : il y a de nombreuses usines et des fonderies où l'on travaille les métaux ; on exploite avec succès le marbre dans plusieurs carrières ; la fabrication des étoffes de soie

______
(1) Il suffit de citer les deux derniers, Charles-Albert et Victor-Emmanuel II.

et de velours forment une branche importante de l'industrie : on expédie de Gènes, chaque année, plus de dix mille douzaines de fez en laine rouge pour le Levant. La Savoie fournit des étoffes grossières, mais excellentes, pour les besoins des montagnards. On compte plusieurs verreries, parchemineries, papeteries, etc. Les principaux articles d'exportation sont l'huile, le riz et la soie ; les autres, d'une importance moins grande, consistent en quelques étoffes de soie et de velours, en papiers, parfumeries, essences, chanvre, lin, etc. L'état industriel et commercial est très-florissant, si on le compare surtout à celui de la plupart des autres contrées italiennes.

La Sardaigne est donc au premier rang de la civilisation de la péninsule (1).

Les chemins de fer, dont aucun n'était tracé en 1848, parcourent aujourd'hui une étendue de plus de 750 kilomètres. Lorsque le réseau sera complet, les voies ferrées parcourront environ 1 300 kilomètres. Le chemin de fer Victor-Emmanuel, qui traverse la Savoie et qui se rend de Culoz (frontière de France) au pied du mont Cenis, est un des plus remarquables travaux qui aient été faits dans ces derniers temps. Un tunnel immense franchira la chaîne et reliera à jamais la France à l'Italie. De Suse, située au pied du mont Cenis, la ligne de fer se rend à Turin, qui est joint à Gènes par une autre voie passant à Alexandrie, et, dans d'autres directions, à Novare, à Coni, à Pignerol.

L'armée sarde, dont la vaillance s'est signalée en de si fréquentes occasions, compte 48 000 hommes sur le pied de paix. La marine militaire, dont le personnel se compose de 2 900 hommes, possède 6 frégates à vapeur et 4 à voiles, 3 corvettes à vapeur et 4 à voiles, 3 avisos ou brigantines à vapeur et 4 à voiles, 3 transports à vapeur, etc.

Les premières places fortes sont Gènes, Alexandrie, puis les citadelles de Turin et de Casale, défendant le Pô ; les forts de l'Esseillon, de Fénestrelles, d'Exilles, de Bard, de Vinadio, de Coni, destinés à garder les Alpes ; enfin Villafranca, Montalban, San-Remo, Vintimiglia, Vado, Savone, La Spezia, sur les bords de la mer, protégent le littoral.

La population des États Sardes s'élève à 5 167 540 habitants, d'après le recensement de 1857. La langue n'est pas partout l'italien pur. Les Savoisiens et les Vaudois emploient un dialecte roman ; à Nice, et dans le voisinage des frontières françaises, le provençal est en usage ; en Sardaigne, l'italien est mêlé de locutions latines, catalanes, françaises, grecques et même allemandes. La religion catholique est celle de l'État ; les autres cultes y sont tous tolérés. L'éducation y est répandue : la statistique de l'instruction élémentaire, en 1857, constate que le nombre des écoles de garçons s'est élevé de 5 338 à 5 922; celui des écoles de filles, de 2 201 à 2 901. Il ne reste plus qu'une centaine de communes qui en

---

(1) Voici un tableau indiquant la situation progressive du commerce sarde (spécial) :

		Valeur commerciale.
Importation.	Moyenne de 1851 à 1854.	168 560 795 fr.
	En 1854.	201 118 584
	En 1855.	210 467 875
	En 1856.	267 315 336
Exportation.	Moyenne de 1851 à 1854	100 399 225
	En 1854.	114 566 069
	En 1855.	134 355 435
	En 1856.	193 017 767

soient privées. Il y a quatre universités : celles de Turin, de Gènes, de Cagliari et de Sassari.

Le gouvernement sarde est une monarchie constitutionnelle ; le souverain est assisté de huit ministres, d'un conseil d'État, ordinairement composé de 14 membres, et d'une cour des comptes. Le corps législatif est composé d'un sénat, dont les membres sont nommés à vie par le roi, et d'une chambre de députés élus par les citoyens.

Longtemps avant notre ère, les bords méridionaux du lac Léman étaient habités par les *Nantuates;* ceux de l'Isère supérieure et de l'Arc l'étaient par les *Centrones* (ou, peut-être mieux, *Ceutrones*) ; ceux de la Doire Baltée étaient occupés par les *Salassi,* peuple celte sur lequel Strabon donne quelques renseignements : il dit que la plus grande partie de leur territoire est dans une profonde vallée : c'est celle d'Aoste. Il ajoute qu'ils possèdent des mines d'or ; on peut croire qu'ils exploitaient ce métal par le lavage dans des terrains d'alluvion ; car, selon lui, la *Duria,* aujourd'hui la *Doire,* leur fournissait l'eau nécessaire pour cette opération ; souvent ils la tarissaient, ce qui faisait naître des querelles sanglantes entre eux et leurs voisins, qu'ils privaient de cette rivière utile à leurs travaux agricoles. Ils eurent fréquemment avec les Romains des combats et des trêves : leurs défilés et leurs montagnes doublaient leurs forces. Ils eurent la hardiesse de taxer à une drachme par tête les soldats de l'armée de Décius Brutus, qui fuyaient de Modène, et de faire payer à Messala le bois de chauffage et les arbres nécessaires à ses soldats campés dans leur voisinage. Ils pillèrent même une fois le trésor impérial ; et, sous prétexte de travailler aux ponts et aux chaussées, ils firent rouler sur des légions d'énormes masses de pierres. La conduite de ce peuple irrita les Romains. Auguste le détruisit : 40 000 prisonniers furent vendus comme esclaves, 4 000 furent incorporés dans la garde prétorienne, et 3 000 Romains, envoyés par Auguste, fondèrent la ville d'*Augusta,* dans le lieu même où Varron, vainqueur, avait fait camper son armée. C'est cette ville qui a donné son nom à la vallée d'*Aoste.* Les *Taurini* habitaient entre les Alpes, le Pô et la Doire. Ils étaient d'origine celtique, comme les prédédents. Les *Statielli,* sur lesquels on a très-peu de détails, occupaient la rive droite du *Tanaro ;* à l'ouest de ces peuples, et au pied des Alpes, était placé celui auquel les anciens donnent indistinctement les noms de *Vagienni,* de *Vageni* ou de *Bageni.* Au sud de ceux-ci, sur le versant méridional des Alpes, la petite nation des *Intemelii* s'étendait jusqu'à la mer. Enfin, sur le versant méridional des Apennins, dans l'espace compris entre *Gènes* et *La Spezia,* le petit peuple des *Apuani* portait le nom de la ville d'*Apua,* aujourd'hui *Pontremoli.* Le territoire de ces quatre derniers peuples constituait la province romaine de *Ligurie.* Les autres étaient compris dans la *Gaule Narbonnaise* et dans la *Gaule Cisalpine.*

C'est vers le ve siècle que le pays voisin du lac Léman prit le nom de *Savoie* (*Sapaudia, Sabaudia*). Il appartint successivement aux souverains bourguignons, français et provençaux, et l'empereur Conrad le Salique l'érigea en comté en faveur d'un *Humbert aux blanches mains.* Ce ne fut qu'au xve siècle que cette principauté, augmentée de divers domaines, reçut, de l'empereur Sigismond, le titre de duché.

La maison de Savoie est considérée, à juste titre, comme l'une des plus anciennes de l'Europe; les généalogistes la font descendre de Witikind. Ce chef saxon est en quelque sorte le *Japhet* des princes de l'Europe moderne; tous prétendent l'avoir pour aïeul. La maison de Savoie, descendant seulement de *Humbert,* qui régnait au XIe siècle, peut prouver une antiquité de 800 ans; c'est une durée assez respectable. Le fondateur du *royaume* sarde est Victor-Amédée II, qui reçut le titre de roi de Sardaigne en 1720. Dégoûté des affaires, il abdiqua, en 1730, en faveur de Charles-Emmanuel, son fils. Le règne de ce dernier prince fut glorieux, mais ses successeurs perdirent, par suite de l'influence qu'eurent, sur la politique européenne, les conquêtes de la France, toutes leurs provinces continentales; et le royaume de Sardaigne, réduit au territoire de cette île, ne reprit son rang que par les traités de 1814 et de 1815, qui le remirent en possession de ses anciens États.

Ces traités rendirent donc à Victor-Emmanuel Ier la Savoie, le Piémont, Nice; on y joignit l'ancienne république de Gênes. Le roi Victor-Emmanuel abdiqua à la suite d'un mouvement révolutionnaire, et laissa la couronne au prince de Carignan, qui monta sur le trône sous le nom de Charles-Albert. Ce prince, élevé en France, y puisa de bonne heure des idées libérales et se passionna pour l'indépendance de l'Italie. Charles-Albert inaugura son règne par d'utiles réformes, reconstitua les conseils provinciaux, fit rédiger un code complet de lois civiles et criminelles, réorganisa l'armée, encouragea l'industrie, le commerce et l'agriculture. En 1848, il embrassa avec enthousiasme la cause de l'indépendance et de l'unité italiennes; il appuya et secourut les peuples de la Lombardie, du duché de Modène, etc., qui se soulevaient contre une oppression étrangère; il battit les Autrichiens et eut de brillants succès; mais, défait à Novare, il abdiqua en faveur de son fils Victor-Emmanuel II. Charles-Albert mourut quelque temps après à Oporto, en Portugal. Ce prince joignait à un courage à toute épreuve les sentiments de la plus haute piété : aussi a-t-il mérité cette phrase, triste et sublime épitaphe : « Il s'est battu en héros, a vécu en moine, est mort en martyr. » Victor-Emmanuel est entré dans les traditions de son père. En prenant les rênes du gouvernement, il s'entoura de ministres distingués, tels que MM. de Cavour et d'Azeglio. Malgré la difficulté de sa position, Victor-Emmanuel a su reprendre la prépondérance perdue un moment par le désastre de Novare. Depuis longtemps allié de la France, il a pris part à la guerre d'Orient, en envoyant le général de La Marmora en Crimée; depuis, l'alliance des couronnes française et sarde a été plus étroitement cimentée par le mariage de la princesse Clotilde avec le prince Napoléon. La guerre qui a éclaté au printemps de 1859 est un témoignage de plus de l'union intime des deux nations française et sarde.

Passons à la topographie de chacune des régions du royaume. Commençons par étudier la *Savoie,* pays montagneux et pittoresque, où les sites grandioses se déroulent à chaque instant. Par sa position physique, la Savoie n'appartient pas à la péninsule Italique; elle est inclinée vers la France, dont le Rhône et le Guiers la séparent, et à laquelle elle envoie la principale des rivières qui la parcourent : l'*Isère.* L'*Arve,* affluent du Rhône, et l'*Arc,* affluent de l'Isère, l'arrosent aussi. Les charmants lacs d'*Annecy* et du *Bourget* baignent l'intérieur du pays, tandis que le grand lac de *Genève* s'étend sur la limite septentrionale, du côté de la Suisse. Les Alpes Grecques et une portion des Alpes Cottiennes et Pennines élèvent entre la Savoie et le Piémont leur majestueuse barrière ; elles y offrent le mont Blanc, avec sa vaste *Mer de glace* et ses autres merveilles ; le mont Iseran, le Petit-Saint-Bernard, le mont Cenis, avec sa célèbre route ; le mont Tabor, etc.

La Savoie renferme deux divisions (1) : celles de *Chambéry* et d'*Annecy*. Chambéry (15 000 hab.), ancienne capitale de la Savoie, est située dans une riante vallée, presque entièrement ceinte de hautes montagnes. Parmi ses monuments, la cathédrale, qui remonte au xve siècle, le bel hospice de Saint-Benoit, figurent au premier rang, quoique leur architecture n'ait rien de bien remarquable. La tristesse de Chambéry est presque proverbiale ; néanmoins, la société y est polie, la culture des lettres y est florissante. C'est la patrie de l'historien Saint-Réal et des écrivains Joseph et Xavier de Maistre. L'habitation des *Charmettes*, qui s'élève dans le voisinage, rappelle le souvenir de Jean-Jacques.

Parmi les autres lieux remarquables de la division de Chambéry, qui renferme les provinces de *Maurienne*, de *Tarantaise*, de *Savoie propre* et de *Haute-Savoie*, citons *Montmélian*, arrosée par l'Isère, et qui eut jadis un important château fort ; — *Pont-de-Beauvoisin*, ville de 5 000 habitants, qui est située sur la frontière de France ; — *Les Échelles de Savoie*, village placé dans un défilé fameux, aujourd'hui très-fréquenté, qui est traversé par une magnifique route, entourée des plus beaux paysages ; — *Aix-les-Bains*, l'antique *Aquæ Gratianæ*, si célèbre par ses eaux minérales ; — *Albertville*, remarquable par sa fonderie royale et par ses mines ; — *Moutiers-de-Tarantaise* (l'ancienne *Darantasia*), qui possède des sources thermales et dont les abords sont d'un accès difficile ; — *Saint-Jean-de-Maurienne*, qui vit mourir Charles le Chauve. Les environs, marécageux, humides et insalubres, renferment malheureusement beaucoup de ces infortunés idiots nommés *crétins*. C'est aussi dans la province de *Maurienne* que l'on remarque *Lans-le-Bourg*, qui s'élève en face du mont Cenis, sur les bords de l'Arc. Dans cet endroit, passe la fameuse route qui serpente, à partir de là, sur le versant septentrional de la montagne. Autrefois, on faisait la descente du col du mont Cenis en traîneau ; on parcourait un espace de 8 kilomètres en 7 minutes, en s'abandonnant à l'adresse d'un conducteur dont le pied, faisant fonction de gouvernail, et dirigeant sur la neige une légère embarcation, pouvait, par un mouvement faux, précipiter hommes et traîneau dans les abîmes ; la pente, moins rapide aujourd'hui, permet d'effectuer cette descente avec une entière sécurité.

La division d'Annecy comprend les trois provinces de *Genevois*, de *Chablais*, de *Faucigny* ou *Faussigny*. *Annecy*, arrosée par le Fier, se dresse dans un agréable site ; sa cathédrale possède les reliques de saint François de Sales, natif de ce lieu. Son industrie est entretenue par des fabriques, des usines, des filatures et une verrerie (2). Son château fort fut autrefois le séjour des comtes du Genevois. Sa population s'élève à 6 000 âmes. Le lac d'Annecy, qui baigne la ville, a 12 kilomètres de longueur sur 4 de largeur. — Le bourg de

(1) On peut comparer les *divisions* sardes à nos *départements*.

(2) L'industrie a pénétré en Savoie : l'ensemble de la production annuelle de l'horlogerie seule, dans ce pays, peut être évalué approximativement à 1 800 000 fr.

Talloires, dans le voisinage, a donné naissance au célèbre chimiste Berthollet.

C'est dans la province de *Chablais,* située sur les bords du lac de Genève, que l'on trouve, près de *Thonon,* le fameux château de *Ripaille,* qui fut converti en chartreuse par Amédée V, premier duc de Savoie, plus tard élu pape par le concile de Bâle, sous le nom de Félix V. La petite ville d'*Évian,* célèbre par ses eaux minérales, fait un commerce lucratif de châtaignes et d'huile de noix. Elle se trouve près du lac aussi ; de même que *Meillerie,* dont les rochers pittoresques sont une des merveilles de ce pays intéressant.

Bonneville, dans la pittoresque province de *Faucigny,* compte environ 1 200 habitants. — *Cluse,* animée par des fabriques d'horlogerie, s'élève dans un pays magnifique, riche en curieux points de vue. La cascade du *Nant d'Arpenaz* est surtout d'un fort bel aspect lors des grandes pluies. — *Sallanches,* sur la rive gauche de l'Arve, fut dévastée par un incendie en 1840, mais présente aujourd'hui un coup d'œil agréable. — En remontant l'Arve, puis le Bon-Nant, on arrive à *Saint-Gervais,* si connu par ses beaux paysages et ses eaux minérales.

Chamouny ou *Chamonix* est un village traversé par un grand nombre de touristes qui viennent visiter la vallée du mont Blanc. Cette vallée, la plus célèbre des Alpes par ses beautés sauvages et ses immenses glaciers, attire de tous les points du monde les voyageurs avides de contempler le magnifique spectacle de la *Mer de glace* et des massifs imposants des Alpes. Les habitations forment un grand nombre de villages épars dans toute la vallée. Au bas du glacier des Bois, sort, sous la forme d'un torrent, l'Arveiron, qui tombe dans l'Arve.

Franchissons les Alpes au mont Cenis, en passant à côté du lac qui est près de son sommet, et entrons dans le Piémont par l'importante division de *Turin,* qui comprend les provinces de *Turin,* de *Pignerol* et de *Suse ;* c'est un pays riche et industrieux.

Turin (*Torino*), la capitale des États Sardes, s'élève à peu de distance du confluent de la Doire Ripaire et du Pô ; c'est une des plus belles cités italiennes. L'origine de cette ville est fort ancienne ; elle était la principale cité des *Taurini,* comme l'indique son nom. Elle est formée de deux villes : le vieux Turin, qui ressemble à toutes les villes anciennes et gothiques, et le nouveau Turin, qui a toute l'élégance des villes modernes. La nouvelle ville peut passer pour la plus propre de toutes celles d'Italie ; elle doit cet avantage à l'abondance des fontaines, dont les eaux, pendant l'été, coulent dans toutes les rues, les nettoient, les rafraîchissent, et, pendant l'hiver, les débarrassent de la neige. Turin a environ 10 kilomètres de circuit ; ses fortifications ont été converties en promenades agréables. La citadelle, dont l'érection remonte au XVIe siècle, est un pentagone régulier, qui a été construit sur les dessins d'Urbino. La ville compte un très-grand nombre de beaux édifices, de magnifiques maisons ; des rues droites, des places spacieuses, concourent à lui donner un aspect grandiose, mais y répandent malheureusement un peu de tristesse. Il y a treize grandes places : la principale est celle du *Château,* entourée des édifices les plus remarquables : le palais du Roi, le palais *Madame* et le théâtre royal. La demeure royale présente d'un côté une façade gothique, et de l'autre l'élégance de l'architecture grecque. Cet édifice, bizarre dans son ordonnance, est cependant imposant et digne de sa destination ; on monte dans l'intérieur par un escalier magnifique. Le palais *Madame* est aujourd'hui le siége du sénat ; le palais *Carignan*, autrefois résidence des princes royaux, est affecté aux délibérations des députés. Il y a à Turin plus de 100 églises ou chapelles ; la plus vantée est celle de Saint-Laurent : elle est entièrement revêtue de marbre noir. Une autre chapelle, attenant à la cathédrale, possède le saint Suaire, objet d'une grande vénération. Parmi les autres monuments religieux, citons les églises Sainte-Christine, Saint-Charles-Borromée, Saint-Philippe-de-Néri, la plus vaste de toutes ; l'église *Corpus Domini*, dont l'intérieur est rempli d'ornements, et celle de la Mère-de-Dieu, dont la forme rappelle le Panthéon de Paris.

Si la religion est honorée par de magnifiques monuments, les sciences, les arts et les lettres sont cultivés dans des édifices qui, bien qu'au second rang, n'en sont pas moins remarquables. L'université compte au moins 2 000 étudiants. L'entrée des bâtiments consacrés aux quatre facultés est d'une architecture sévère et élégante ; des bas-reliefs antiques sont incrustés sur les murs. Le gouvernement n'a rien négligé pour que la jeunesse reçût une instruction profonde et variée : des cabinets d'histoire naturelle, de précieuses collections d'antiquités, un magnifique musée égyptien, sont bien faits pour donner le goût de l'étude et propager la science elle-même. Les malades, les invalides, les jeunes aveugles, les sourds-muets, trouvent des hôpitaux, des hospices et des écoles où leur sont donnés les soins que réclame leur état. L'édifice hydraulique, précieux laboratoire d'expérience, rend d'immenses services dans un pays où les systèmes d'irrigation sont employés avec tant de succès. Le grand théâtre de Turin est l'un des plus beaux de l'Italie ; le théâtre de Carignan est peut-être le plus fréquenté. De belles promenades, telles que le *Jardin du Roi*, les allées ombreuses de la *Strada del Re*, le *Valentin*, sont assaillies, aux jours de fête, par une foule compacte.

L'industrie est assez active à Turin : on y voit une manufacture de tabac, des fabriques de tissus de soie, de lainages, d'étoffes en coton, de coutellerie ; on y forge aussi des armes. La population s'élève à 179 000, d'après le recensement de 1857.

Dans les environs, le rendez-vous de chasse du roi, le palais *Stupinigi*, est une délicieuse demeure de plaisance.

Moncalieri (8 000 hab.), à quelques kilomètres au sud-est de Turin, possède un fort beau château. — *Carmagnole* (*Carmagnola*), autrefois place très-forte, est le centre d'un commerce important de soie, de toiles, de grains et de bestiaux ; c'est la patrie du condottiere François Bussone, plus connu sous le nom de comte de Carmagnole. Elle fut prise par Catinat, en 1691, et par l'armée française au commencement de la Révolution ; cette dernière victoire donna lieu à une chanson et à un costume célèbres. La ville peut compter 12 000 habitants. — Entre Turin et Carmagnole, est située *Carignano* (*Carignan*), qui a donné son nom à la branche de la maison de Savoie qui règne aujourd'hui. — A une dizaine de kilomètres à l'est de la capitale des États Sardes, remarquons *Chieri* (souvent appelée en français *Quiers*), petite ville de 12 000 habitants, entourée de murs, patrie du poëte Robbio di Santo-Saffacio. — *Rivoli* (6 000 hab.) est environnée d'une riante ceinture de villas ; c'est dans son château que fut enfermé Victor-Amédée, après son abdication.

Les environs de Turin, dont nous venons de passer rapidement en revue les endroits principaux, sont animés par l'industrie manufacturière et par l'activité agricole.

Suse (la *Segusio* des anciens), ville de 3 000 hab., chef-lieu de province, arrosée par la Doire Ripaire, à l'embranchement des routes du mont Cenis et du mont Genèvre, commande l'important défilé des Alpes appelé *Pas de Suse*. Autrefois place forte, elle a été démantelée ; l'étendue de ses fortifications était telle, que les frais de démolition ont excédé 600 000 francs. C'est à Suse que régnait le roi Cottius, et il y éleva un arc de triomphe en l'honneur de l'empereur Auguste. Le marbre vert des environs est assez estimé.

Le mont Cenis, qui est traversé par une belle route, est, avec le Simplon, un des passages principaux des Alpes. Les gigantesques travaux qui ont été exécutés par Napoléon 1er sur cette montagne rendent à jamais l'Italie ouverte aux Français.

Avigliana, sur la Doire Ripaire, se livre à l'industrie. — *Exilles*, dans la vallée d'Oulx, est une forteresse importante par sa situation. A peu de distance d'Avigliana, les voyageurs vont visiter le célèbre couvent de *Saint-Ambroise*, dans les caveaux duquel les cadavres se transforment en momies.

Pignerol (*Pinerolo*), chef-lieu de la province du même nom, s'élève sur les bords du Clusone. Cette position a appartenu à la France depuis 1632 jusqu'à 1696. Le surintendant Fouquet et l'homme au masque de fer furent quelque temps renfermés dans sa citadelle. Les habitants, au nombre de 15 000, s'adonnent à la fabrication des lainages, des soieries et au commerce de vins et de grains. C'est le siége d'un évêché. — *Fénestrelles*, place fortifiée, occupe une position des plus importantes. — C'est dans le voisinage de Pignerol que l'on trouve les vallées habitées par la secte des *Vaudois*.

Au nord, s'étend la division d'*Ivrée*, comprenant les deux provinces d'*Ivrée* et d'*Aoste*, dont les chef-lieux sont l'un et l'autre sur la Doire Baltée. *Ivrée* (*Ivrea*), l'ancienne *Eporedia*, fut occupée par une division romaine, sous le consulat de Marius. Au moyen âge, les seigneurs de cette ville jouèrent un rôle important dans l'histoire d'Italie. On fabrique à Ivrée des fromages assez estimés. La population s'élève à 9 000 habitants. — *Aoste* (*Aosta*) ou la *Cité d'Aoste*, l'*Augusta Prætoria* des anciens, possède quelques antiquités et un arc de triomphe érigé sous Auguste. Elle a 7 000 habitants.

Bard, petit bourg fortifié, est dans une position favorable, sur la Doire Baltée, entre Ivrée et Aoste.

Dans le nord de cette division, au nord-est du mont Rosa, l'admiration se concentre sur un des plus beaux monuments de l'industrie et de la patience humaines : la route du Simplon surpasse tout ce que les Romains ont fait de plus beau en ce genre : ce n'était point assez d'avoir fait sauter, à l'aide de la poudre, une portion de la chaîne des Alpes ; il a fallu percer les montagnes pour construire un chemin praticable à toutes les voitures. Napoléon avait franchi les Alpes comme Annibal : cette action glorieuse pouvait être imitée plus tard ; mais il a fait exécuter un travail inimitable qui unit à jamais la Suisse et l'Italie. La première ville qu'on trouve dans cette dernière, sur la route du Simplon, est *Domo-d'Ossola*, au bord de la Toce.

La division de Novare, composée des provinces de *Novare*, de *Lomelline*, d'*Ossola*, de *Pallanza* et de *Valsesia*, s'étend dans la région la plus orientale des États Sardes ; à l'est, le lac Majeur et le Tésin séparent cette division de la Lombardie. Le Tésin, un des principaux affluents du Pô, prend sa source au pied du mont Saint-Gothard, arrose Bellinzone, forme le lac Majeur, et coule ensuite rapidement vers le sud. Le lac Majeur (*Lago Maggiore*) est situé en grande partie dans la division de Novare : ses bords accidentés et irréguliers présentent, au nord, de magnifiques et imposants panoramas alpestres ; au sud, les plus gracieux paysages de l'Italie. Ses eaux sont d'une extrême limpidité ; la navigation y est facile et animée ; presque tous les bourgs que baigne le lac se livrent à la fois au commerce, à la navigation et à la pêche ; un service de bateaux à vapeur est organisé depuis 1826. Les charmantes îles *Borromées* s'élèvent à peu de distance du rivage occidental, dans un enfoncement assez large appelé golfe de la *Toce*. L'*Isola Madre*, la plus étendue des îles Borromées, est couverte d'une riante végétation : les voyageurs qui la côtoient reposent agréablement leurs yeux sur ses bosquets d'orangers, de citronniers et sur ses beaux vergers ; l'*Isola Superiore* possède une église paroissiale et quelques maisons de pêcheurs ; enfin l'*Isola Bella* est digne du nom qu'elle porte, depuis que, par les prodigalités de Vitaliano Borromeo, de rocher aride elle est devenue un séjour délicieux, un véritable parc orné de terrasses, de magnifiques jardins et d'un élégant palais.

Novare (*Novara*), vieille ville placée sur une hauteur entre la Mora et l'Agogna, est entourée d'une muraille bastionnée et défendue par un château. La place d'armes est fort belle : les casernes sont très-vastes ; les promenades agréables. Plusieurs palais ornent la ville, principalement celui de la famille Bellini. Les rues, quoique fort étroites, sont généralement bien construites. La cathédrale et l'église de San-Gaudenzio, dont le clocher excite l'admiration des étrangers, sont les principaux édifices. Novare et Turin sont unis par un chemin de fer qui passe par Verceil. La statue de Charles Emmanuel III s'élève sur la place du théâtre. — En 1513, les Suisses remportèrent, à Novare, une victoire sur les Français, et en 1849 les Autrichiens y furent vainqueurs des Sardes.

Les territoires voisins de Novare sont presque tous plats : les habitants cultivent surtout le riz : quoique le climat soit généralement salubre, il est quelques mandements rendus moins sains par les exhalaisons paludéennes ; les principales productions sont, avec le riz, le froment, les fruits, les légumes, du vin assez estimé, de la soie, du chanvre et du lin. Le pays est coupé d'un très-grand nombre de canaux dérivés de petites rivières : aussi la végétation est-elle belle et abondante ; quelques forêts longent les bords du Tésin. On élève peu de bestiaux dans le territoire de Novare : les habitants préfèrent s'adonner à la culture et à l'industrie.

Remarquons, sur les rives du lac Majeur, *Cannobbio*, *Intra*, *Pallanza*, *Belgirate*, *Lesa* et *Arona*. Le bourg de *Cannobbio*, qui compte environ 2 000 habitants, n'est remarquable que par ses tanneries. — *Intra* possède deux églises ; son commerce est assez actif ; des teintureries, des blanchisseries et plusieurs fabriques contribuent à donner beaucoup d'animation à la petite ville, qui compte environ 4 500 habitants. — *Pallanza*, qui s'étend sur une langue de terre du lac

Majeur, à peu de distance des îles Borromées, est le chef-lieu de la province du même nom, territoire assez pauvre sur certains points, dont les habitants émigrent chaque année pour prendre, la plupart du temps, la truelle dans les grandes villes. En suivant les beaux rivages du lac Majeur, on arrive au village de *Baveno,* intéressant par ses carrières de granite et de marbre. Plus au midi, la ville d'*Arona,* qui s'élève à l'extrémité sud du lac, est une place de guerre ; son port, ses chantiers de construction, son commerce de transit, concourent à lui donner de l'importance.

Sur une éminence qui domine le lac et d'où l'on jouit d'un magnifique coup d'œil, se dresse, sur un piédestal de granite, la statue colossale de saint Charles Borromée, qui naquit à Arona. Le monument date de 1697. Un chemin de fer joint aujourd'hui Arona à Novare. — La petite ville de *Borgo-Manero* compte 6 000 habit. — La ville d'*Oleggio,* à 18 kilomètres au nord de Novare, possède un hôpital et contient 2 000 habitants. — Entre Novare et le Tésin, à quelques kilomètres de cette rivière, le bourg de *Trelate* s'étend dans une belle plaine ; très-près de là, au sud, le village de *Cerano,* sur les rives de la Mora, possède quelques filatures et compte environ 3 400 habitants.— *Vigevano* (16 000 habitants), chef-lieu de la Lomelline, sur la Mora, est entourée de murailles ; son vieux château et sa cathédrale sont dignes d'une mention particulière : les étrangers les ont souvent cités dans leurs relations de voyage. Un traité de paix fut signé à Vigevano en 1696. C'est la patrie de François Sforce II. — Une voie ferrée unit Vigevano à *Mortara,* ville de 4 500 habitants, place de garnison ceinte de murailles, et chef-lieu de la province de Valsesia.

La division de *Verceil* (*Vercelli*), au sud de la division de Novare, est riche en cultures diverses ; on y fabrique de la toile, des chapeaux de paille, etc. Elle comprend les provinces de *Verceil,* de *Casale* et de *Biella.* — Verceil (18 000 habitants), siége d'un archevêché, est intéressante par ses monuments. La ville s'élève dans une position agréable, sur la rive droite de la Sesia. C'est dans les plaines voisines, aux champs *Raudiens,* que les Cimbres furent taillés en pièces par Marius. Verceil a souvent été citée dans la guerre que les Français, alliés aux Sardes, ont soutenue en 1859 contre les Autrichiens. Le village de *Palestro,* tout près de là, fut le théâtre d'un brillant fait d'armes des Sardes et d'un corps de zouaves, le 31 mai de cette année.— *Santhia,* sur le chemin de fer de Novare à Turin, ancienne résidence de quelques ducs de Savoie, a joué un rôle assez important dans l'histoire d'Italie. — *Biella,* sur les bords du Cervo, siége d'un évêché, compte 8 000 habitants.—*Casal* ou *Casale,* avec 20 000 habitants, autrefois capitale du Montferrat et siége d'un évêché, est située au point de jonction des routes de Milan et de Plaisance. C'est une importante position militaire ; elle possède quelques beaux édifices, entre autres le palais *della Valle* et la cathédrale de *San-Evasio.* En 1640, le duc d'Harcourt y remporta un brillant avantage sur les Espagnols.

La division d'*Alexandrie,* située à la droite du Pô, compte cinq provinces : *Alexandrie, Asti, Tortone, Voghera* et *Bobbio.* — *Alexandrie* (*Alessandria*) est une des places les plus fortes de l'Europe : elle fut fondée en 1168 par la ligue lombarde, qui s'opposait de tout son pouvoir aux tentatives ambitieuses de Frédéric Barberousse. Le pape Alexandre III eut l'honneur de donner son nom a la nouvelle ville de guerre. On se souvient que l'empereur Frédéric la nomma par dérision Alexandrie *de la paille,* parce que, dans les premiers temps, les fortifications furent construites en paille et en terre; l'épithète dénigrante a survécu. La ville est ornée de promenades agréables, du beau palais de Ghilini, d'un hôtel de ville assez élégant et de quelques églises dont l'architecture est régulière. La position d'Alexandrie, qui commande tout le sud-ouest de l'Italie septentrionale, avait fixé l'attention de l'empereur Napoléon Ier, qui fit exécuter autour de la ville, et sous les ordres du général du génie de Chasseloup-Laubat, des fortifications qui coûtèrent plus de 25 millions de francs : « Je considère cette place comme toute l'Italie, disait-il : le reste est affaire de guerre; cette place est affaire de politique. » Comme pour justifier ces paroles, les Autrichiens, en 1814, firent démolir les fortifications qui entouraient la ville et ne laissèrent subsister que la citadelle ; mais les princes de la maison de Savoie, fidèles à la politique de leurs ancêtres, relevèrent les défenses de cette place, et, dans ces derniers temps, les ingénieurs piémontais y ont exécuté des travaux importants. Alexandrie compte 45 000 habitants.

A 5 kilomètres est d'Alexandrie, est situé le fameux village de *Marengo,* où Napoléon Ier vainquit les Autrichiens en 1800. — *Bassignano* (4 000 habitants), autrefois fortifiée, est dans une position remarquable, au confluent du Pô et du Tanaro; plusieurs batailles y furent livrées. — *Valenza* (7 500 habitants), ville autrefois très-fortifiée, sur le Pô, a été le théâtre de quelques combats entre les Piémontais et les Autrichiens en 1859.

Asti, l'antique *Asta Pompeia,* siége d'un évêché, fut jadis la capitale d'un important duché du même nom. Ses fortifications, quoique anciennes, sont encore aujourd'hui redoutables. On y remarque une école de droit, un collége royal et plusieurs monuments d'une belle architecture. Les habitants s'adonnent à la fabrication de la soie et à un commerce assez actif de vins. C'est la patrie du poëte Alfieri. La population s'élève à 22 000 habitants. — *Tortone* (Tortona), avec 12 000 habitants, sur la Scrivia, fut fondée, dit-on, par les Gaulois qui passèrent en Italie sous Brennus, fut prise par les Français en 1734 et de nouveau en 1796. C'est le siége d'un évêché.

Voghera, ville industrieuse et commerçante, a souvent été citée dans la guerre que les Français et les Piémontais alliés ont soutenue, en 1859, contre les Autrichiens.— A quelques kilomètres, à l'est, le village de *Montebello* est fameux par deux batailles : en 1800, les Autrichiens y furent vaincus par Lannes, qui reçut plus tard le titre de duc de Montebello. Le 20 mai 1859, les Français, sous la conduite du général Forey, y remportèrent encore un brillant avantage sur les Autrichiens. — Le bourg de *Casteggio,* à quelques kilomètres à l'est, est célèbre par le combat qui y fut livré le 9 juin 1800 et par un autre en 1859. — *Bobbio,* qui compte 4 000 habitants, possède une bibliothèque, est le siége d'un évêché et a un célèbre monastère.

La division de *Coni* comprend quatre provinces : *Coni, Mondovi, Saluces, Alba.* — *Coni* (l'antique *Coneum*), en italien *Cuneo,* peuplée de 20 000 habitants, s'élève au confluent de la Stura et du Gezzo, à 74 kilomètres sud de Turin. C'est une place de guerre d'une certaine importance ; on y trouve un arsenal et des ateliers de construction. Les Français l'ont assiégée et prise plusieurs fois. — Dans le voisinage, citons *Fossano* (20 000 habitants), ville fortifiée, qui fut la résidence habituelle d'Emmanuel Philibert, duc de Savoie. Les Français s'en emparèrent en 1796, mais y furent battus en 1799. — *Demonte* et *Vinadio,* arrosées par la Stura, ainsi que Fossano, sont assez bien fortifiées. — *Mondovi,* ville forte, peuplée de 22 000 habitants, s'élève sur une colline. C'est le siége d'un évêché. On y remarque des filatures de soie, des tanneries, des usines, etc. Les Français y vainquirent les Piémontais en 1796, et y dispersèrent 40 000 paysans insurgés, en 1799.

A l'est, l'ancienne ville de *Ceva,* autrefois place forte importante, renferme 4 000 habitants. Au sud du bourg de *Bagnasco,* arrosé par le Tanaro, remarquons *Garessio,* dont les environs possèdent de belles carrières de marbre, et le bourg d'*Ormea,* peuplé de 5 000 habitants, qui s'occupent, pour la plupart, de la fabrication de la toile et du drap : il est défendu par quelques fortifications.

Au nord, *Cherasco* (12 000 habitants), au confluent de la Stura et du Tanaro, est régulièrement construite. Ses fortifications, autrefois redoutables, ont été démolies après l'armistice de 1796, qui fut signé à Cherasco même.

Saluces (*Saluzzo*), au pied d'une colline, entre le Pô et la Vraita, est une place de garnison. On y trouve des fabriques de soieries, de cuirs, de chapeaux, de coutellerie, etc. C'est le siége d'un évêché. La ville compte 15 000 habitants. Elle a été longtemps la capitale de l'important marquisat du même nom, que la France a possédé et qu'Henri IV échangea contre la Bresse, le Bugey et le Valromey. — *Savigliano* (19 000 habitants), dont les rues sont bien bâties, possède un arc de triomphe, des églises et plusieurs casernes. Les Français y essuyèrent une défaite en 1799. — *Alba,* autrefois surnommée *Pompeia,* rappelle le père de Pompée, qui la restaura, et l'empereur Pertinax, qui y reçut le jour. Elle compte 8 000 habitants. — Le village de *Canale,* qui possède 3 500 habitants, est remarquable par ses sources salines. — *Bra,* sur la Stura, fait un commerce assez lucratif de bestiaux.

Franchissons le col de Tende, dans les Alpes Maritimes, à l'extrémité méridionale de la division de Coni, et entrons dans la division de *Nice,* dont le climat si vanté attire de tous les points de l'Europe de riches étrangers ou des malades qui cherchent à puiser une vie nouvelle dans sa douce atmosphère. — *Nice* ou *Nizza,* sur les bords de la Méditerranée, est dans une délicieuse situation; elle s'étend, à l'extrémité d'une petite plaine, au pied des Alpes, qui la protégent contre les vents du nord et de l'est. Le ciel, qui a passé et passe encore généralement pour le plus agréable de toutes les côtes de la Méditerranée, n'est pas toujours exempt de vicissitudes climatériques. Le climat est magnifique pendant les mois de novembre, décembre et janvier, à cause de la douceur de la température à cette époque ; mais, suivant plusieurs médecins compétents, cette résidence n'offre, en tout autre temps, aucun avantage, et le vent de bise qui commence à souffler à la fin de février peut même rendre son séjour dangereux pour certaines constitutions. Il y a plus de 35 000 habitants. Les étrangers, qui forment une grande partie de la population, trouvent dans Nice, non-seulement une ville agréable par sa position et par ses environs parés de citronniers et d'orangers, mais une élégante cité où les plaisirs les plus variés leur sont offerts. La cathédrale, l'hôtel du gouverneur, la bibliothèque, l'arc de triomphe, élevé en l'honneur de Victor Amédée III, sont les édifices les plus saillants. « Il y a deux villes dans Nice : la vieille cité et la ville neuve. L'ancienne Nice se reconnaît de loin à son aspect misérable et à l'odeur marseillaise qu'elle exhale. Elle rappelle les *ghetto* de l'ancienne juiverie. Les rues y sont étroites, noires et froides. Le soleil s'y montre peu; la ville neuve l'accapare. Nice est séparée en deux parties par le Paglione, véritable Manzanarès italien, qui promène l'été son maigre filet d'eau sur une grève de sable, et dont le lit, presque toujours à sec, sert aux blanchisseuses à sécher leur linge. Deux belles rues, celle du Pont-Neuf, garnie de riches magasins, et le Corso, promenade assez élégante, complètent, avec la promenade des Anglais et le jardin public, la Nice moderne qui, du reste, tend chaque jour à s'accroître et à s'embellir (1). » Les Anglais ont fixé principalement leur séjour à la Croix-de-Marbre, où, à certaines époques, on se croirait transporté dans la terre d'Albion.

L'industrie et le commerce ne manquent pas d'une certaine animation. Nice fut fondée, dit-on, par les Marseillais. C'est la patrie de Carle Vanloo, de Dominique Cassini, de Masséna, de l'économiste Adolphe Blanqui. — Les terres qui avoisinent Nice étant stériles en céréales, elle importe beaucoup de blé, et les grains de Sicile et d'Odessa ont été et sont encore en concurrence sur son marché.

Villafranca ou *Villefranche* (3 000 habitants), à l'est de Nice, possède une superbe rade, où stationnent de nombreux vaisseaux sardes ; c'est une ville forte. — *Sospello* (3 200 habitants) est située dans une vallée fertile, et *Tende* occupe une position importante au pied de la route de Coni à Nice.

La principauté de *Monaco*, placée sous le protectorat militaire de la Sardaigne, est un petit territoire montagneux, baigné par la mer et arrosé par des torrents de peu d'étendue; le climat en est aussi délicieux que celui de Nice. On y cultive l'olivier, la vigne, les châtaigniers, les caroubiers, les citronniers, etc. La navigation ne manque pas d'une certaine activité. — *Monaco* (l'ancien *Herculis Monæci Portus*), capitale de la principauté, est ornée d'un assez beau palais jadis fortifié. Le port, à demi envahi par les sables, n'est fréquenté que par quelques pêcheurs. Cette capitale a 1 200 habitants. — *Menton* (*Mentone*), autrefois dans la même principauté, est un petit port assez commerçant admirablement situé. — *Roquebrune*, qui appartenait également à la principauté, a été aussi annexée aux États Sardes. — La *route de la Corniche*, qui unit ces divers endroits, et qui se prolonge bien plus loin en longeant la mer, est un des plus beaux travaux dus au génie de Napoléon 1er.

Ventimille (*Vintimiglia*) (anciennement *Albium Intemelium*), qui s'élève dans une charmante situation, est une place forte.

San-Remo, qui compte 10 000 habitants, est entourée d'une riante ceinture de verdure. Ses marins exercés passent pour les meilleurs du littoral du golfe de Gènes; ils se livrent principalement au commerce avec la France.

Oneglia ou *Oneille*, chef-lieu de province, place forte, entourée de riches territoires, est aussi un port de mer commerçant. C'est la patrie d'André Doria. Dans

____

(1) M. Charles Brainne.

la même province, *Port-Maurice* ou *Porto-Morizio* (6 500 habitants) a un port sûr et profond.

La division de Savone comprend les provinces de *Savone*, *Albenga* et *Acqui*.

Savone (13 000 habitants), dont le port peut contenir des bâtiments de guerre, est assez bien fortifiée. Sa cathédrale et son église des Dominicains sont surtout dignes d'être citées; les habitants font le commerce d'exportation, et expédient à l'étranger une partie des fruits que l'on récolte en si grande abondance dans le voisinage. Elle a donné son nom au savon, qu'on y a inventé. — A l'ouest de Savone, *Albenga* (anciennement *Albium Ingaunum*), qui s'élève sur les bords de la mer, à l'embouchure de la Centa, est une vieille petite cité, qui compte environ 4 000 habitants. Au nord-ouest de cette ville, on franchit les Alpes Maritimes par un de leurs passages les plus célèbres, le col de *San-Bernardo;* celui de *Nava* les coupe un peu plus à l'ouest. — Le port de *Loano* rappelle une défaite des Autrichiens, en 1795. — *Acqui*, au nord de Savone, sur la Bormida, était connue des Romains sous le nom d'*Aquæ Statiellæ*. On y trouve des eaux sulfureuses. Les restes d'un aqueduc romain et d'autres ruines attestent qu'elle jouissait d'une certaine importance dans l'antiquité. Les Français y vainquirent, en 1794, les Autrichiens et les Sardes. — *Dego,* aussi sur la Bormida, fut le théâtre d'une autre victoire des Français en 1796. Mentionnons encore plusieurs fameux champs de bataille dans la division de Savone : *Millesimo*, sur la Bormida, et *Montenotte* ont été les théâtres de deux victoires françaises sur les Autrichiens, en 1796, et *Cairo* fut aussi témoin d'une victoire des Français en 1794.

La division de Gênes se divise en quatre provinces : *Gênes*, *Novi*, *Chiavari* et *Levante*. Cette contrée est entièrement couverte des ramifications des Apennins. Le sol est généralement peu fertile. Le blé y est peu abondant. Les bords de la mer ont un délicieux aspect (1).

Gênes (*Genova*), l'ancienne *Genua*, se présente au pied des montagnes. Le voyageur qui la découvre de loin jouit d'un magnifique coup d'œil : la ville qui se développe en amphithéâtre au pied d'une montagne aride et brûlée, les nombreux monuments qui la dominent, les palais éparpillés en tous sens et couronnés de jardins, les deux môles imposants par leur masse qui défendent l'entrée du port, tout cet ensemble forme un splendide panorama. Fondée par les Liguriens vers l'an 707 avant Jésus-Christ; prise par les Romains et incorporée à la Gaule Cisalpine en 222, détruite en 205 par Magon, frère d'Annibal, rebâtie quelques années après, tour à tour au pouvoir des Hérules, des Ostrogoths, de l'empire Grec, des Lombards et des Français, Gênes se rendit indépendante sous les princes carlovingiens, et se fraya une route de prospérité et d'honneur en s'adonnant au commerce et à l'industrie. Dans un circuit de plus de 16 kilomètres, la ville est entourée d'une double enceinte de fortifications, devenues célèbres par le siége qu'y soutint Masséna contre les Autrichiens en 1800, et par la

(1) « D'Antibes à Gênes, dit Lamennais, la route côtoie presque toujours la mer, au sein de laquelle ses bords charmants découpent leurs formes sinueuses et variées, comme nos vies d'un instant dessinent leurs fragiles contours dans la durée immense, éternelle. Aucunes paroles ne sauraient peindre la ravissante beauté de ces rivages toujours attiédis par une molle haleine de printemps. »

courageuse résistance des habitants, qui souffrirent pendant 59 jours toutes les
horreurs de la famine. Gênes, dont l'ensemble a mérité à juste titre le surnom
de *la Superbe*, n'est pourtant pas une ville irréprochable : peu de faubourgs de
grandes cités possèdent des voies aussi misérables, aussi laides que celles des *Bas
portiques* et de la *Sibérie*. En général, les rues, pavées de dalles, sont étroites,
tortueuses et mal bâties ; mais il en est plusieurs qui forment un contraste par
leur magnificence et la régularité de leur architecture ; le marbre est la pierre de
construction ; comme chacun désire jouir du coup d'œil de la mer, dont la surface, semblable à un miroir, brille, étincelle et prend la teinte azurée du ciel, les
palais qui ne sont pas bâtis sur le quai s'élèvent à une hauteur de dix étages, et
permettent ainsi aux habitants d'admirer de loin le beau golfe de Gênes. La
Strada Nuova, les rues *Balbi, Nuovissima, Carlo-Felice,* sont des voies bordées
de palais ou de constructions régulières ; les palais *Carega, Philippe Durazzo,
Maximilien Spinola, André Doria, Balbi, Brignole, Lercaro-Imperiale,* sont
les principaux ; le palais ducal, qui fut la résidence des doges, est un des édifices
les plus vastes de Gênes. — Le palais royal ou palais *Marcel Durazzo* est le seul
où les voitures puissent entrer.—Les églises, nombreuses à Gênes, sont moins remarquables par leur majesté que par la profusion des ornements qu'on y a pro-
digués ; c'est dans la célèbre église cathédrale *Saint-Laurent* que l'on voit le *sacro
catino*, espèce de cuvette taillée dans une émeraude et qui fut, dit-on, le présent
de Salomon à la reine de Saba. — L'église *Santa-Maria-Lavignano* est d'une
élégante architecture ; celle de l'*Annonziada* fait regretter que sa façade ne soit
pas terminée : dans son intérieur, l'œil est fatigué de la profusion des dorures ;
celle de *San-Siro*, l'ancienne cathédrale, est ornée de fresques et de marbres de
diverses couleurs. *La Loggia dei Banchi,* ou la Bourse, est un édifice d'une
noble hardiesse, dont la voûte est formée de mâts de navires. Dans le bâtiment
de la douane, on remarque la grande et belle salle de Saint-George. Gênes possède plusieurs hôpitaux d'un beau style : l'un d'entre eux, consacré aux pauvres, se fait remarquer par sa magnifique façade, et surtout par l'asile qu'y
trouvent 2 000 individus. Il y a trois lazarets dans ses environs.

Les promenades les plus agréables sont les murailles du port, les quais ; le
beau pont de *Carignano,* de 35 mètres de hauteur, jeté par-dessus des maisons
de six étages, réunit deux quartiers élevés de la ville. Les théâtres sont au nombre
de six. Celui de *Carlo-Felice* contient 2 000 spectateurs. Les principaux établissements scientifiques ou d'instruction publique sont l'université, l'académie des
beaux-arts, l'école royale de marine, l'école de navigation, le muséum d'histoire
naturelle, le jardin botanique, deux riches bibliothèques et diverses collections,
dont quelques-unes sont magnifiques.

Gênes est une des villes les plus fortes de l'Italie, et sa situation militaire est des
plus favorables. Son enceinte, qui contient 60 bastions, forme un triangle isocèle.

L'emplacement de l'ancien arsenal, *la Darsena,* doit être, suivant un projet,
converti en dock commercial ; la ville, en perdant ses chantiers de construction
militaire, pourrait donner plus d'extension à son commerce. La Spezia, où le port
militaire serait transféré, et dont la situation est admirable pour un grand établissement maritime, deviendrait par là le premier arsenal du royaume.

Le port de Gênes est l'un des plus animés de la Méditerranée; son mouvement maritime annuel est au moins de 8 000 navires. Le commerce s'élève chaque année à plus de 400 millions de fr. Le phare, établi depuis 1856, est un des plus lumineux; par un temps clair, il est visible à la distance de 20 milles marins.

Placée au premier rang des villes industrielles des États Sardes, Gênes a des manufactures de soieries, de velours et d'étoffes d'or; l'orfévrerie y est portée à un haut degré de perfection; ses parfumeries et ses fleurs artificielles sont recherchées. Parmi les productions de son sol, ses huiles sont fort estimées. On est frappé, à Gênes, de l'extérieur d'aisance et de propreté du peuple, de l'obligeance et de la politesse de la classe supérieure, et des manières simples de la noblesse. Les femmes mettent beaucoup de recherche et d'élégance dans leur toilette; elles portent avec une grâce particulière, quand elles vont à pied, un ample voile blanc appelé *mezzaro*, dont elles couvrent, plutôt qu'elles ne cachent, une partie de leur visage, les épaules et les bras. Cet ajustement, qui descend jusqu'aux pieds, ajoute à l'élégance d'un bas de soie bien tiré et d'une chaussure légère. L'amour des arts, la culture de l'esprit, une certaine liberté dans les idées, distinguent particulièrement les Génois.

On ne peut prononcer le nom de Gênes, sans penser à l'illustre Génois qui découvrit le Nouveau-Monde : Christophe Colomb n'est cependant pas né dans la ville même, mais dans le voisinage, probablement à *Cogoleto*. Gênes élève, en son honneur, un monument, encore inachevé.

Au moyen âge, cette grande cité fut la première qui fonda une banque, célèbre encore dans ces derniers temps sous le nom de banque de Saint-George. Rivale de Venise au xiiie, au xive et au xve siècle, elle était maîtresse des faubourgs de Péra et de Galata, à Constantinople, de plusieurs points des côtes de la mer Noire, de l'Archipel, et étendait au loin son autorité sur les mers. Sa splendeur dura longtemps encore après que les Turcs lui eurent enlevé ces positions.

La perte de la Corse, en 1768, fut un des coups les plus funestes portés à la puissance de cette république. Les Français changèrent son organisation et en firent la république Ligurienne, en 1796; ils y soutinrent un siége célèbre contre les Anglais et les Austro-Russes, en 1800; en 1805, elle fut incorporée à l'empire Français, et devint le chef-lieu du *département de Gênes;* en 1814, elle fut donnée au roi de Sardaigne.

A l'ouest de Gênes, la jolie ville de *Voltri* (8 000 habitants) se livre à l'industrie, et la petite ville de *Recco* fait un commerce lucratif d'huiles et de fruits.

Novi (12 000 habitants) est au nord de Gênes, dont elle est séparée par les Apennins; à travers ces monts conduisent le fameux col de *Giovi* et celui de la *Bochetta,* d'où la vue est magnifique, et qui fut forcé par les Français en 1796; mais cette ville rappelle une bataille où les Français furent vaincus par les Russes en 1799.

A l'est de Gênes, est la ville de *Chiavari,* autrefois *Claverium,* chef-lieu d'une province montagneuse du même nom : c'est une cité très-industrieuse, qui fait un commerce important de soie, d'huile et de vins. La population est de 10 000 habitants. C'est la patrie du pape Innocent IV. — *Porto-Fino,* peu peuplée, possède un port sûr et profond. — *Rapallon* (2 500 habitants), qui s'occupe de la pêche du thon, s'élève au pied d'un petit golfe du même nom. — A *Sestri a Levante*, les habitants s'adonnent à l'extraction du marbre.

La Spezia, dans la province de Levante, est un port militaire et de commerce. Napoléon Ier y fit construire des batteries et plusieurs forts. Cet endroit est destiné à devenir le premier arsenal des États Sardes. On a fait partir de La Spezia un fil électrique sous-marin qui unit le continent à la Corse, et qui, de celle-ci, s'élance dans l'île de Sardaigne. On remarque, dans la même province, le petit port de *Levanto*, et la ville de *Sarzane* (*Sarzana*), de 9 000 âmes.

L'île de *Sardaigne*, appelée par les Grecs *Sardon*, et par les Romains *Sardinia*, appartint aux Carthaginois jusqu'à l'époque de leur première guerre avec les Romains, qui les en chassèrent, et dont elle devint un des greniers. Peu de temps après, elle ne fit avec la Corse qu'une seule province. Les Vandales, devenus possesseurs de l'Espagne et des côtes de l'Afrique, s'emparèrent de la Sardaigne dans le VIIe siècle. Au XIe, les Pisans et les Génois leur succédèrent ; 200 ans plus tard, les papes cherchèrent à la réunir aux domaines de l'Église, et deux fois les Pisans se virent contraints de la leur céder. Au XIVe siècle, Jacques II, roi d'Aragon, s'en empara ; elle resta soumise à l'Espagne jusqu'en 1708, que les Anglais s'en rendirent maîtres au nom de l'empereur d'Allemagne, qui la céda au duc de Savoie en échange de la Sicile. Depuis le moyen âge, les Sardes étaient regardés comme des espèces de sauvages, peu susceptibles de civilisation ; mais, à force de soins, la maison de Savoie améliora leur sort. Elle fit fleurir chez eux les arts et les sciences, et put dès lors reconnaître l'avantage que les gouvernements retirent d'une marche légale et de la propagation des lumières. Peut-être même les malheurs de cette maison n'ont-ils pas peu contribué à ces améliorations : lorsque les conquêtes de la France eurent réduit la monarchie sarde à la seule possession de cette île, la présence du souverain dut y faire plus que les gouvernements les mieux intentionnés.

L'habitant doit à son long isolement les traits qui le distinguent des autres peuples de l'Italie, et, pour le peindre en deux mots, le Sarde est d'une constitution robuste, d'un caractère gai, d'un courage qui va jusqu'à la témérité. Exalté dans ses passions, il aime avec constance, il hait avec fureur ; doué d'une imagination vive, enthousiaste dans ses goûts, ami du merveilleux, il se livre avec ardeur à la poésie et aux beaux-arts.

Nous avons précédemment parlé du système orographique, du climat et des productions diverses de la Sardaigne ; nous avons vu que la flore compte un grand nombre d'espèces, que les côtes fourmillent de poissons, et que la terre elle-même renferme dans son sein des minéraux précieux. Il y croît l'herbe sardoine, qui retire les nerfs et les muscles, et produit un rire forcé, d'où vient le *risus sardonicus,* le rire sardonique, qui est passé en proverbe.

L'industrie, quoique progressive, est encore négligée dans quelques mandements de Sardaigne ; mais il n'est pas douteux que, sous l'administration éclairée qui la dirige aujourd'hui, elle ne voie son industrie se développer et son commerce prospérer.

Son territoire est partagé en 3 divisions, celles de *Cagliari*, de *Sassari* et de *Nuoro*. La première comprend les provinces de *Cagliari*, d'*Oristano*, d'*Iglesias* et d'*Isili*.

Au fond d'un golfe, vers l'extrémité méridionale de l'île, *Cagliari* (30 000 habitants), la capitale de ce pays, occupe la pente d'une colline rapide que domine un château fort, bâti par les Pisans. Ses maisons sont en général mal construites, et ses rues sont étroites et tortueuses. Outre sa cathédrale, elle a une quarantaine d'églises, une vingtaine de couvents, un séminaire, une université, un collége de nobles, des écoles de médecine et de mathématiques, des musées d'antiquités et d'histoire naturelle, une bibliothèque, un théâtre, un hôtel des monnaies et un hôpital. Cette ville, qui fut fondée par les Carthaginois, sous le nom de *Calaris*, fait un grand commerce. Les produits de son sol consistent en blé, en huile, en vin, en coton et en indigo. Cagliari a un port militaire, un des meilleurs de la Méditerranée.

Dans la même division, citons *Iglesias* (5 000 habitants), l'ancienne *Ecclesiœ*, qui fait un commerce assez important de vin et de produits agricoles. — *Oristagni* ou *Oristano* (12 000 habitants) est un port presque exclusivement militaire; cependant on y fait le commerce de thon, poisson qui abonde dans ces parages.

On remarque encore dans la division de Cagliari le petit pays de *Barbargia*, dont le nom vient des *Berbères*, qui s'y réfugièrent lors de l'invasion du nord de l'Afrique par les Vandales.

Dans la division de Sassari, qui comprend les provinces de *Sassari*, d'*Alghero*, d'*Ozieri* et de *Tempio*, la ville, autrefois fortifiée, de *Sassari* (25 000 habitants), qui s'élève dans une belle vallée, vers le nord-ouest de l'île, est assez bien bâtie. Elle possède une cathédrale élégante et plusieurs autres édifices. La promenade *Rosello*, qui est ornée d'une délicieuse fontaine, est fort agréable. — *Torres* (l'ancienne *Turris Libissonis*), à l'embouchure du Rio San-Gavino, peut passer pour le port de Sassari. — A peu de distance, *Castel Sardo*, ville maritime, située sur un rocher escarpé, est protégée par quelques petits forts. — *Ozieri* (8 000 habitants) est fort mal bâtie. — *Alghero* (7 000 âmes), dont les habitants se livrent à la pêche du corail, est un port assez commerçant, surtout en blé. Son port ne peut recevoir que de petits bâtiments; mais, à 4 kilomètres à l'est, celui de *Porto-Conte*, vaste et bien défendu, peut donner asile à des navires du plus fort tonnage. — *Tempio*, place de guerre, compte environ 8 000 habitants.

Nuoro (4 000 habitants), chef-lieu d'une division, qui comprend les provinces de *Nuoro*, de *Lanusei* et de *Macomer* ou *Cuglieri*, est dans la partie orientale de la région moyenne de l'île. — *Bosa*, dans une situation insalubre, a une population d'environ 6 000 habitants; son petit port est commerçant.

Nous ne quitterons pas l'île de Sardaigne, sans mentionner les curieux monuments, très-antiques, nommés *nuraghes*, qu'on y trouve au nombre de plus de six cents : ce sont des constructions de caractère *cyclopéen*, en forme de tours, quelquefois hautes de 16 à 18 mètres, et de 30 mètres de circonférence; on croit que les nuraghes ont servi de sépulture, et on les a attribués aux Pélasges.

Nous avons déjà fait un peu connaître l'île de *Capraja*, située à l'est du cap Corse, et qui appartient à la Sardaigne : c'est l'ancienne *Ægilon* ou *Capraria*. Elle est montagneuse et de difficile accès, excepté à l'est, où se trouve la petite ville de *Capraja*, avec un port sûr. On récolte du vin dans cette petite île, qui compte 2 500 habitants. Les chèvres sauvages y abondent.

TABLEAUX DE LA SARDAIGNE.

GRANDES RÉGIONS GÉOGRAPH.	DIVISIONS.	PROVINCES.	SUPERFICIE en kil. carrés.	POPULATION en 1857.
SAVOIE.	CHAMBÉRY	CHAMBÉRY (1) ou Savoie propre	1 641,59	155 916
		Haute-Savoie (chef-lieu Albertville) . .	974,28	49 276
		Maurienne (chef-lieu Saint-Jean) . . .	2 067,07	64 063
		Tarantaise (chef-lieu Moutiers)	1 807.27	44 636
	ANNECY	ANNECY ou Genevois.	1 605,73	103 763
		Faucigny (chef-lieu Bonneville). . . .	2 035,25	103 986
		Chablais (chef-lieu Thonon).	922,83	60 193
PIÉMONT.	TURIN	TURIN	2 892.67	ville 179 635 / prov. 281 068
		Pignerol	1 535.21	134 135
		Suse.	1 395 70	86 030
	IVRÉE	IVRÉE	1 453,94	173 423
		Aoste	3 194,04	84 084
	NOVARE	NOVARE.	1 381,00	190 719
		Lomelline (chef-lieu Mortara).	1 242.35	135 624
		Pallanza	809,00	64 016
		Ossola (chef-lieu Domo d'Ossola) . . .	1 348,00	37 879
		Valsesia (chef-lieu Varallo)	755,00	32 598
	VERCEIL	VERCEIL	1 247,00	132 019
		Biella	971,44	132 589
		Casal.	866,12	136 965
	ALEXANDRIE	ALEXANDRIE	888,73	136 515
		Asti	909,38	148 039
		Voghera	797,35	110 471
		Tortona.	665.00	62 450
		Bobbio.	696.96	39 471
	CONI	CONI	2 597.75	184 434
		Mondovi	1 758 45	151 673
		Alba	1 056 05	122 098
		Saluces.	1 606,94	160 608
COMTÉ de NICE.	NICE	NICE.	3 054.53	125 220
		Oneille.	451,24	61 525
		San-Remo.	685,64	69 858
Duché DE GÈNES.	SAVONE	SAVONE.	806,29	79 645
		Acqui	1 151.22	106 819
		Albenga	681,78	58 485
	GÈNES	GÈNES	926,95	ville 119 610 / prov. 192 735
		Chiavari.	913,66	109 212
		Novi	747,49	69 296
		Levante (chef-lieu La Spezia)	672.21	79 479
		Terre ferme, jusqu'au traité de Villafranca.	51 215,11	4 590 260
Ile de SARDAIGNE.	CAGLIARI	CAGLIARI	3 381,58	117 038
		Iglesias.	2 195,80	48 670
		Isili	2 006,44	51 380
		Oristano	2 523,40	83 046
	NUORO	NUORO	3 586,88	60 273
		Cuglieri	1 081,31	38 005
		Lanusei	2 270,32	29 050
	SASSARI	SASSARI.	1 915,16	66 389
		Alghero	1 131,55	33 776
		Ozieri	1 865,30	24 843
		Tempio.	2 138.32	24 812
LOMBARDIE.		Ile de Sardaigne (avec les îles de ses côtes) et île de Capraja . .	24 096.06	577 282
		Annexée aux Etats Sardes par le traité de Villafranca	21 930.00	3 000 000
		TOTAUX.	97 241,17	8 167 542

(1) Les noms en petites capitales désignent les chefs-lieux de division.

ÉTATS SARDES ET LOMBARDS.

FINANCES. — BUDGET DE 1858.

RECETTES.	ORDINAIRES.		EXTRAORDINAIRES.		TOTAL.	
	Fr.	Cent.	Fr.	Cent.	Fr.	Cent.
Direction générale des douanes et autres contributions indirectes.	54 720 690	—	—	—	54 720 690	—
Direction générale des contributions directes. enregistrement et domaines	65 211 763	36	400 000	—	65 611 763	36
Direction générale du trésor (produits divers).	3 730 940	25	622 666	53	4 353 606	78
Administr. pour la fabrication des monnaies, droits de marque des objets d'or et d'argent.	225 900	—	—	—	225 900	—
Direction générale des chemins de fer . . .	14 490 000	—	—	—	14 490 000	—
Direction générale des postes.	4 000 000	—	—	—	4 000 000	—
Produits des consulats, des télégr., des manufact., des prisons et de l'école vétérinaire.	1 580 560	90	—	—	1 580 560	90
Total des recettes	143 959 854	51	1 022 666	53	144 982 521	04
DÉPENSES.						
Finances { Dotations	4 860 220	91	—	—	4 860 220	91
Dette publique	40 289 897	96	—	—	40 289 897	96
Dette viagère	9 647 210	93	—	—	9 647 210	93
Frais d'administ. de percept. et divers.	23 438 543	14	779 673	—	24 218 216	14
Grâce, justice et culte	5 272 328	42	3 920	—	5 276 248	42
Extérieur	1 353 117	76	6 200	—	1 359 317	76
Instruction publique.	2 136 890	63	48 188	40	2 185 079	03
Intérieur	7 647 858	28	139 240	—	7 787 098	28
Travaux publics	11 328 658	76	3 502 898	27	14 831 557	03
Guerre	32 657 475	99	961 466	—	33 618 941	99
Marine	4 631 164	04	42 600	—	4 673 764	04
Total des dépenses	143 263 366	82	5 484 185	67	148 747 552	49

DETTE AU 1er JANVIER 1858.

RENTES.	TOTAL de LA DETTE INSCRITE.		RACHETÉE.		ENCORE EXISTANTE.		CAPITAL CORRESPONDANT à la rente inscrite.	
	fr.	c.	fr.	c.	fr.	c.	fr.	c.
Perpétuelles :								
5 % { 24 décembre 1819	2 416 032	31	. . . .		2 416 032	31	48 320 646	20
13 février 1841	24 746	56	. . . .		24 746	56	494 931	20
Rachetables :								
24 décembre 1819	2 389 439	31	1 306 477	13	1 082 962	18	21 659 243	60
30 mai 1831.	1 250 000	»	374 957	55	875 042	45	17 500 849	»
21 août 1838	544 860	86	140 141	15	404 719	71	8 093 394	20
5 % { 11 janvier 1844.	200 000	»	88 900	»	111 100	»	2 222 000	»
7 septembre 1848. . .	2 536 696	86	. . . .		2 536 696	86	50 733 937	20
12 à 16 juin 1849. . .	13 894 692	81	109 000	»	13 785 692	81	275 713 856	20
26 juin 1851.	4 500 000	»	. . . .		4 500 000	»	90 000 000	»
3 % 13 février 1853	2 011 870	»	73 590	»	1 938 280	»	64 609 333	33
Obligations de l'État :								
4 % { 27 mai 1834.	1 080 000	»	507 040	»	572 960	»	14 324 000	»
avec pri- { 26 mars 1849.	796 080	»	83 520	»	712 560	»	17 814 000	»
mes. { 9 juillet 1850. . . .	720 000	»	62 920	»	657 080	»	16 427 000	»
Emprunt du trésor anglais à 3 %.	1 500 000	»	26 818	87	1 473 181	13	49 106 037	66
TOTAUX.	33 864 418	71	2 773 364	70	31 091 054	01	677 020 228	59

ARMÉE D'APRÈS LE BUDGET DE LA GUERRE POUR 1858.

DÉNOMINATIONS DES CORPS DE L'ARMÉE.	OFFICIERS généraux.	OFFICIERS sup. et infér.	TROUPES.	TOTAL.	CHEVAUX DE OFFICIERS.	CHEVAUX DE TROUPE.
Inspecteurs de l'armée.	3	»	»	3	10	»
Corps royal d'état-major.	1	39	»	40	84	»
État-major des divisions militaires.	5	20	»	25	41	»
État-major des places fortes et des provinces.	1	155	50	206	»	»
Infanterie :						
10 brigades (20 régiments, 80 bataillons).	10	1 580	24 880	26 470	160	»
Bersaglieri (tirailleurs, 10 bataillons.).	»	204	3 443	3 647	14	»
Chasseurs francs (corps de discipline).	»	18	374	392	2	»
Cavalerie :						
9 régiments (4 de ligne, 5 légers).	»	315	4 896	5 211	662	3 708
Artillerie.						
Comité central de direct. État-major.	3	54	»	4 053	221	1 046
3 régiments.	»	171	3 825			
Génie.						
Conseil.	2	6		949	37	»
Directions.	»	54				
1 régiment de sapeurs.	»	44	843			
Train des équipages.	»	24	445	469	43	210
En terre ferme.	1	75	2 973	3 049	183	620
En Sardaigne.	»	32	823	855	75	460
Maison militaire du roi et des princes :						
Aides de camp et officiers d'ordonnance.	5	15	»	20	78	»
Gardes du corps de S. M. (1 comp.).	»	67	18	85	»	»
Gardes du palais royal. (1 comp.).	»	3	105	108	»	»
Vétérans et invalides de l'armée.	»	44	1 436	1 480	»	»
Service sanitaire. — Médecins.						
Conseil.	1	4	»	182	»	»
Aux différents corps.	»	105	»		»	»
Aux hôpitaux.	»	72	»			
Vétérinaires.	»	22	»	22	22	»
Ouvriers d'administration (1 bataillon).	»	29	630	659	1	»
TOTAUX	32	3 152	44 731	47 915	1 635	6 064

Marine.

Un commandant général à Gênes. Un établissement maritime à La Spezia.

Le personnel de la flotte se compose de 2 292 hommes, dont 1 vice-amiral, 2 contre-amiraux, 7 capitaines de vaisseau, 8 capitaines de frégate, 8 capitaines de corvette.

Matériel : 6 frégates à vapeur et 4 à voiles ; 3 corvettes à vapeur et 4 à voiles ; 3 avisos ou brigantines à vapeur et 4 à voiles ; 3 transports à vapeur ; 1 remorqueur à vapeur : ensemble 29 navires et 436 canons.

Le personnel de la marine marchande se compose de 31 987 hommes, capitaines, matelots et ouvriers. Le matériel comprend 2 934 bâtiments, jaugeant 197 924 tonneaux.

(Ces deux pages sont extraites de l'*Almanach de Gotha*, 1859.)

ÉTATS SARDES ET LOMBARDS.

COMMERCE EN 1855.

PAYS.	IMPORTATION.	EXPORTATION.	TOTAL.
France.	67 910 371	82 351 049	150 261 420 fr.
Union douanière.	871 649	529 892	1 404 511
Grande-Bretagne.	44 742 171	7 550 024	52 292 195
Espagne.	14 347 000	757 856	15 104 856
Autriche.	47 452 601	41 530 106	88 982 707
Parme, Modène, Toscane et Monaco.	26 746 813	18 520 875	45 267 688
Suisse.	37 147 862	35 823 110	72 970 972
États-Unis de l'Amérique.	10 894 156	2 539 859	13 434 015
Russie.	1 102 887	453 636	1 556 523
Villes hanséatiques.	595 319	200 671	795 990
Non spécifiés.	63 291 670	38 279 273	101 570 943
Totaux	315 105 499	228 536 321	543 641 820 fr.

Commerce général (valeur déclarée en lires).

	Commerciale.	Officielle.
Moyenne de 1851-1854.	485 317 663	550 387 114
En 1854.	499 171 363	527 313 522
En 1855.	543 641 820	577 377 511
En 1856.	709 396 888	680 682 802

Commerce spécial.

	Commerciale.	Officielle.
Moyenne de 1851-1854.	268 960 020	282 896 336
En 1854.	315 684 653	309 622 800
En 1855.	344 823 310	338 939 398
En 1856.	460 333 103	401 095 742

ARCHEVÊCHÉS ET ÉVÊCHÉS DU ROYAUME DE SARDAIGNE (Sans la Lombardie.)

PARTIE CONTINENTALE.		PARTIE INSULAIRE.
Archevêché de Turin.	Évêché de Vigevano.	Archevêché de Cagliari.
— Verceil.	— Ivrée.	— Oristano.
— Gênes.	— Aoste.	— Sassari.
— Chambéry.	— Casale.	Évêché d'Iglesias.
Évêché de Pignerol.	— Biella.	— Alghero.
— Suse.	— Saint-Jean de Maurienne.	— Ozieri.
— Alexandrie.	— Annecy.	— Villacidro.
— Asti.	— Sarzana.	— Tempio.
— Bobbio.	— Savone.	— Nuoro.
— Coni.	— Acqui.	— Lanusei.
— Mondovi.	— Albenga.	— Bosa.
— Alba.	— Nice.	
— Novare.	— Vintimille.	

Anciens départements français formés de la Savoie (avec une partie de la Suisse), du Piémont, et des territoires de Nice et de Gênes.

Départ. du Léman . . . . . chef-lieu Genève.		Départ. de la Stura . . . . chef-lieu Coni.	
— du Mont-Blanc . . .	— Chambéry.	— des Alpes Maritim.	— Nice.
— de la Doire	— Ivrée.	— de Montenotte . . .	— Savone.
— du Pô	— Turin.	— de Gênes	— Gênes.
— de Marengo	— Alexandrie.	— des Apennins . . .	— Chiavari.
— de la Sesia	— Verceil.	— de l'Agogna * . . .	— Novare.

* Ce département était compris dans le royaume d'Italie.

LOMBARDIE.

Les plus anciens peuples connus qui habitèrent le versant des Alpes et la rive gauche du Pô, depuis le cours du Tésin jusque près des bords de l'Isonzo, ou la *Gaule Cispadane,* étaient les *Orobii,* au nord, les *Insubres* et les *Cenomani,* au-dessus des lacs de Côme et d'Iseo; les *Lœvi,* à l'ouest, près du confluent du Té-sin et du Pô, et les *Euganei,* à l'est.

Les *Orobii* étaient probablement originaires des Alpes; leur nom signifie *vivant dans les montagnes.* Cependant Pline, d'après Cornélius Alexandre, les fait descendre de quelques montagnards grecs; mais le nom de leur capitale, *Bergo-mum,* prouve une origine germanique, ou plutôt *germano-celtique.* Les *Insu-bres* paraissent être venus également du nord ; ils faisaient partie de la nation des *Ombri,* dont le nom, dans leur langue, avait la signification de *vaillants. Medio-lanum,* leur capitale, est aujourd'hui *Milan.* Les *Cenomani* étaient une colonie d'un peuple celte qui habitait le territoire du Mans. Ils vinrent s'établir sur les pentes méridionales des Alpes, six siècles avant notre ère. Les *Lœvi* passaient aussi pour être Gaulois. Les *Euganei,* longtemps possesseurs du territoire actuel du gouvernement de Venise, furent envahis par les *Veneti,* peut-être une co-lonie des *Veneti* qui habitaient les environs de *Vannes,* dans l'Armorique, et qui étaient puissants par leur marine et leur commerce; mais, suivant une autre hypothèse, ce seraient des *Venedi* de la race slave.

Tels sont les peuples que l'on distingua dans le nord de l'Italie jusqu'à la chute de l'empire d'Occident, vers la fin du ve siècle, lorsque les *Heruli,* sous la conduite d'Odoacre, quittèrent les bords du Danube, vinrent s'établir sur les deux rives du Pô, et choisirent Ravenne pour la capitale de leurs possessions. Six ans après leur conquête, ces peuples furent soumis par les *Ostrogoths,* dont la puissance s'ébranla sous les glorieux efforts de Bélisaire, et s'écroula, en 553, sous ceux de l'eunuque Narsès.

L'Italie, rentrée sous la puissance des empereurs d'Orient, ne fut pas longtemps à l'abri des attaques étrangères. Les *Longobardi* quittèrent les forêts de la Ger-manie, et vinrent fonder, en 567, un puissant royaume dans la grande vallée du Pô, qui prit le nom de Lombardie. Mais alors les évêques de Rome préludaient à leur puissance, et voyaient avec crainte et jalousie l'agrandissement que prenaient ces peuples barbares, qui menaçaient de s'emparer de l'ancienne métropole du monde. Étienne II appela la France à son secours : Pépin enleva aux *Longobardi* l'exarchat de Ravenne, et en donna la souveraineté au pape. Charlemagne, favo-risé par la victoire, détruisit leur royaume, et relégua dans une abbaye Didier, leur dernier roi. La Lombardie, sans souverain, conserva ses lois : après la mort de Charlemagne, elle se divisa en plusieurs principautés soumises à l'empire d'Occident. Mais l'esprit d'indépendance gagna cette partie de l'Italie; les empe-reurs d'Allemagne accordèrent à quelques villes le droit de choisir leurs magis-trats. La coutume qu'avaient conservée les citoyens, selon l'esprit du christianisme, d'élire leurs évêques, prépara le peuple à l'idée que tout pouvoir émane de la nation; les formes républicaines se perpétuèrent, et déterminèrent plus tard les villes les plus importantes à demander de plus précieux priviléges et des chartes. Au XIIe siècle, toutes les cités lombardes, non-seulement choisissaient leurs magistrats, mais délibéraient sur la paix et la guerre, et sur leurs intérêts locaux. Frédéric Barberousse fut le premier empereur qui, au mépris des chartes et des traités de ses prédécesseurs, essaya de rétablir en Italie le pouvoir absolu. Milan était la plus importante ville de la Lombardie. Assiégée par ce prince, et pressée par la famine, elle capitula, mais à des conditions que le vainqueur méprisa : quelques jours après sa reddition, Milan n'était plus qu'un monceau de ruines. Si l'empereur protégea les rivales de cette vaste cité, il détruisit jusqu'à l'ombre de toute liberté, et remplaça par des *podestats* de son choix les magistrats élus par les citoyens. Cependant la paix, qui succéda au fracas des armes, n'était que le silence de la crainte. La liberté avait été vaincue, mais elle n'avait pas perdu ses droits; une ligue secrète s'organisait dans l'ombre. Les villes formèrent une confédération dans le but de recouvrer leurs priviléges. Les succès de Barberousse l'avaient enhardi : soit qu'il voulût réduire les papes aux seuls droits spirituels, soit qu'il eût le dessein de réunir leurs possessions à l'empire, il marcha contre Rome. Mais cette fois les foudres du Vatican furent favorables à l'indépendance des peuples. Les Romains, animés par le juste ressentiment de.leur évêque, résistent avec courage, et le ciel semble seconder leurs efforts : la peste détruit l'armée impériale. L'empereur fait de nouvelles tentatives contre la Lombardie; mais, frappé d'excommunication, il est devenu un objet de haine et de mépris; les villes confédérées lui livrent bataille; ses troupes sont taillées en pièces, et lui-même ne sauve ses jours qu'à l'aide d'un déguisement; enfin, abandonné de la fortune, il reconnaît l'indépendance des républiques lombardes.

L'un des plus grands fléaux des révolutions politiques est la division des opinions, transformant en ennemis irréconciliables les citoyens d'une même nation. Les premiers succès de Barberousse lui avaient attiré cette foule d'ambitieux toujours amis du pouvoir. Après la mort de ce prince, son successeur conserva les mêmes partisans; et comme, dans la lutte qui venait de se terminer, les excommunications de Rome avaient puissamment soutenu la cause du peuple contre l'empire, deux factions dominantes partagèrent la Lombardie : les partisans du pape prirent la dénomination de *Guelfes*, et ceux de l'empereur se firent appeler *Gibelins* (1). Les deux partis obtinrent des avantages réciproques, mais celui du pape l'emporta le plus souvent.

L'amour de l'indépendance, dont les villes lombardes donnèrent tant de preuves, développa la civilisation, les arts, le commerce et les richesses. Milan devint florissante : elle comptait, parmi ses 200'000 habitants, 600 notaires, 200 médecins, 80 instituteurs et 50 copistes de manuscrits. Des rues pavées en dalles, des ponts de pierre, des maisons bien bâties, des palais, des monuments publics, lui donnaient un aspect tout différent de celui des villes du nord et de l'occident de

______

(1) Les *Guelfes* tiraient leur nom d'une famille illustre (Welf) de la Bavière qui s'allia à la maison d'Este. Les *Gibelins* prenaient leur dénomination d'un village (Wiblingen), où naquit Conrad le Salique, dont descendait la maison de Souabe.

l'Europe. Son territoire, qui comprenait Lodi, Pavie, Bergame et Côme, 150 villages et autant de châteaux, entretenait un corps de 8 000 cavaliers ou gentilshommes, et pouvait mettre 240 000 hommes sous les armes. Mais les dissensions intestines firent naître l'ambition et la corruption, ennemies de l'amour de la patrie et de l'indépendance. Ces villes, si jalouses de défendre leurs prérogatives contre les empereurs, choisirent des magistrats dont le pouvoir devint héréditaire et dégénéra bientôt en tyrannie. Vers le xive siècle, la Lombardie centrale était l'héritage de la famille des Visconti; celle de La Scala gouvernait *Vérone*; celle de Carrare, *Padoue*; et celle de Gonzague, *Mantoue*. En 1395, l'empereur Wenceslas érigea Milan et son territoire en duché, en faveur d'un Visconti; cette principauté échut par alliance à un fils naturel du célèbre Jacques Sforce, qui, de laboureur, parvint, par son courage et ses talents, à la dignité de connétable. A l'extinction de cette famille, Charles-Quint s'empara du Milanais, qui passa à Philippe II et qui appartint à l'Espagne jusqu'en 1700; alors le duché échut en partage à la maison d'Autriche, sauf quelques portions qui furent cédées à la Savoie.

Les descendants des *Veneti*, pour échapper aux hordes d'Alaric, qui pénétra en Italie au commencement du ve siècle, cherchèrent un refuge dans les petites îles de l'embouchure de la Brenta. Ils y fondèrent deux petites villes : *Rivoalto* et *Malamocco*; mais, en 697, les magistrats de ces îles populeuses, convaincus de la nécessité de former un corps de nation, obtinrent de l'empereur Léonce l'autorisation d'élire un chef auquel ils donnèrent le titre de duc ou *doge*. Pépin, roi d'Italie, accorda à cet État naissant des terres sur le littoral de chaque côté de l'Adige; *Rivoalto*, réunie aux îles voisines, devint une ville nouvelle, qui prit le nom de *Venetiœ*, de celui que portait le pays dont ces îles faisaient partie. Au ixe siècle, cette république commerçante se faisait respecter par ses forces maritimes; au xiie, elle équipait les flottes destinées aux croisades; en 1202, elle contribua puissamment à la prise de Constantinople; une partie de cette ville et de son territoire lui échut en partage, et son doge, qui prenait, par suite des conquêtes de la république, le titre de duc de Dalmatie, y ajouta celui de duc du quart et demi de l'empire Romain. Candie, les îles Ioniennes, la plupart de celles de l'Archipel et d'autres stations importantes, des comptoirs à Acre et à Alexandrie, contribuaient à assurer sa puissance et la prospérité de son commerce.

Dans l'origine, le gouvernement vénitien se composait de conseillers nommés par le peuple, qui partageaient avec le doge le pouvoir législatif. Ce magistrat jouit d'abord d'une puissance imposante : les bornes en furent rétrécies, dans la crainte qu'elle ne dégénérât en une dignité héréditaire. Un conseil représentatif et nombreux, élu tous les ans par douze électeurs choisis par le peuple, fut institué; mais, par la suite, les membres qui en faisaient partie s'arrogèrent le droit de nommer les douze électeurs et d'approuver ou de rejeter leurs successeurs. Le résultat de cette confusion de pouvoirs amena nécessairement la fréquente élection des mêmes membres; enfin une dignité qui devait être la récompense des vertus civiques, devint le partage exclusif de certaines familles. Lorsque ces changements contraires à la forme primitive du gouvernement furent consommés, on institua un sénat auquel on accorda le droit de paix et de guerre; mais il était renouvelé tous les ans, ainsi que les conseillers du doge, par le grand conseil. Le

mécontentement, les révoltes mêmes que fit naître au xive siècle un système qui
anéantissait les bases fondamentales du gouvernement républicain, nécessitèrent
la nomination du célèbre *Conseil des Dix*, qui organisa l'espionnage, l'assassinat
et tout l'attirail du règne de la terreur.

Telle était la situation du duché de Milan et de la république Vénitienne, lorsqu'en 1797, après le traité de Campo-Formio, le territoire de Milan forma la
république Cisalpine, et la Vénétie fut livrée à l'Autriche; puis, après la bataille
de Marengo, la Vénétie et la Lombardie réunies formèrent la *république Italienne*,
jusqu'en 1805, époque où elles devinrent le *royaume d'Italie*, dans lequel se
trouvaient, en outre, compris le duché de Modène et une partie des États de
l'Église. L'ancienne dénomination de *Lombardie* était depuis longtemps inusitée;
mais, par les négociations du congrès de Vienne, l'Autriche, devenue maîtresse
de Milan, de Mantoue, de Venise et de la Valteline, réunit leurs dépendances et
en forma le royaume *Lombard-Vénitien*.

A plusieurs époques, les Italiens cherchèrent à reconquérir leur indépendance;
l'Autriche fit peser sur eux un joug de fer; le général Radetzky, dont le caractère
implacable est devenu célèbre, fit abhorrer le nom autrichien par ses cruautés
et ses dures représailles. Au lieu de chercher à pacifier le royaume par une politique douce, l'Autriche n'a fait qu'irriter les Lombards-Vénitiens, qui, trouvant
dans le reste de la Péninsule et dans la France des cœurs qui sympathisaient avec
leurs souffrances, ont accueilli avec reconnaissance et enthousiasme les armées
franco-sardes en 1859. Enfin la paix de Villafranca, conclue le 11 juillet de cette
année, a fait passer la Lombardie sous la souveraineté du roi de Sardaigne, en lais-
sant la Vénétie à l'Autriche. Le royaume Lombard-Vénitien a donc cessé d'exister.

La Lombardie est bornée au nord par le Tyrol et la Suisse; à l'ouest et au
sud-ouest par le Piémont; au sud, par le duché de Parme, celui de Modène et
les États de l'Église; à l'est, par la Vénétie, dont le Mincio et le lac de Garde
la séparent. La longueur de ce pays, de l'est à l'ouest, est de 155 kilomètres;
sa largeur moyenne, du nord au sud, de 130 kilomètres. Sa superficie est de
21 960 kilomètres carrés. Le lac Majeur, le Tésin, une grande partie du cours
du Pô et les Alpes Rhétiques lui servent de limites naturelles avec le Mincio et le
lac de Garde.

Les Alpes Rhétiques touchent quelque temps les frontières du nord du
pays, et envoient dans ses parties septentrionales plusieurs rameaux, entre
lesquels s'ouvrent les plus pittoresques vallées. Le sud est composé d'immenses
plaines, les plus belles d'Europe. De nombreuses rivières, descendant des
montagnes du nord, parcourent ces plaines, après avoir formé, la plupart,
des lacs délicieusement encaissés entre des hauteurs alpestres. Voici les plus
remarquables de ces lacs et de ces rivières, en s'avançant de l'ouest à l'est : à
côté du lac *Majeur*, qui étend sa belle nappe sur la frontière occidentale, est le
lac de *Varese*, qui s'écoule dans celui-là; bientôt on voit le lac de *Lugano*, sur la
frontière de Suisse; puis le lac de *Côme*, long et admirable bassin, qui se bifurque
vers le sud en deux bras étendus, et dont celui du sud-est laisse échapper l'*Adda*,
un des plus grands affluents du Pô; déjà, avant cette rivière, le fleuve a reçu
l'*Olona*, grossie du *Lambro*, et unie au Tésin par d'importants canaux, le *Na-*

viglio Grande, le *Naviglio di Pavia*. — L'Adda reçoit le *Serio ;* tout près de là, coule l'*Oglio*, qui forme le lac d'*Iseo*, et qui s'augmente de la *Mella* et de la *Chiese*, dans le cours de laquelle est le lac d'*Idro*. — Le lac de *Garde*, le plus grand de l'Italie, s'écoule au sud par le *Mincio*, dernier affluent important du Pô.

Dans la Lombardie, l'hiver ne dure ordinairement que deux mois : en février, la terre se couvre d'une nouvelle verdure, le mois de mai voit revenir la chaleur ; la récolte des céréales et de la plupart des fruits se fait en juin et en juillet, et les vendanges en octobre. L'air est sain dans la plus grande partie du pays ; cependant les rizières établies sur plusieurs points produisent des miasmes putrides (1).

Cette vallée du Pô, qui, du temps de Polybe, était ombragée par d'antiques forêts marécageuses, peuplées de sangliers, peut à peine aujourd'hui fournir assez de bois pour ses habitants ; mais les trésors de Cérès et de Pomone ont remplacé les paisibles retraites des Hamadryades. De magnifiques prairies, arrosées par des ruisseaux qui descendent des Alpes, fournissent jusqu'à six récoltes dans

(1) « Le climat des provinces lombardo-vénitiennes appartient à la zone tempérée. Sauf dans quelques lieux abrités, on n'y rencontre point l'olivier ni l'oranger, ces deux indices certains du climat méridional. L'été y est chaud ; mais, l'hiver, le thermomètre y descend jusqu'à 10 degrés. L'irrigation des terres y est d'autant plus facile, que la majeure partie du sol y a été conquise par le labeur humain sur des fonds marécageux. Il a suffi d'y aménager les eaux, d'y profiter de la pente des montagnes, d'y utiliser les déversoirs naturels du Pô et des lacs pour y obtenir de vastes espaces régulièrement arrosés et que l'on n'évalue pas à moins de 320 000 hectares. On y a par conséquent les deux éléments nécessaires de la culture : le soleil et l'eau. Ajoutez à cela que la population, où se trouve mêlé le sang de la race italienne et de la race gauloise, unit à la vivacité de l'intelligence, la constance dans le travail et la rectitude du jugement. Placée dans des conditions de bien-être que l'on rencontrerait difficilement ailleurs, elle est saine, robuste et nombreuse. On compte dans les provinces lombardo-vénitiennes 120 habitants par kilomètre carré, tandis que la France n'en compte que 67.

« Par un heureux privilége, du reste, l'agriculture lombarde est dans une grande prospérité depuis une époque très-reculée. En dépit des guerres, des invasions, des commotions révolutionnaires, sous les Romains, sous les rois lombards, sous les Francs, sous les souverains nationaux, et pendant la domination française ou allemande, elles n'ont cessé d'être cultivées avec soin. De plus, comme pour ennoblir dans ce pays les origines de l'activité agricole, de grands artistes ont consacré les efforts de leur génie à résoudre les problèmes de ce genre. Léonard de Vinci opère la jonction de la Martesana et du Tésin, que l'on avait jugée longtemps impossible. Jules Romain assainit et fortifie cette ville de Mantoue, qui renferme ses chefs-d'œuvre.

« Aussi l'agriculture lombarde fait-elle l'admiration de tous ceux qui l'ont étudiée de près. Bien que ce soit un pays de grande propriété, la petite et la moyenne culture y sont en honneur, et en général le système du métayage y a prévalu. Outre la culture des céréales, du mûrier et d'une foule d'autres plantes industrielles, les prairies artificielles ou naturelles et les prés *marcittes,* ou prés d'hiver, créés dans le voisinage des villes, y permettent l'élève du bétail en grand. Les bêtes à laine et à cornes y sont les plus belles de toute l'Italie. Le Milanais et la Vénétie produisent annuellement environ 125 millions de francs de cocons. Le revenu net que fournit la filature est, d'après M. Escourrou-Milliago, de 11 millions de francs, et la soie filée représente une valeur de 115 millions de francs. Beaucoup de soie s'exporte à l'état grége. Cependant le produit du moulinage n'est pas moins d'une douzaine de millions. L'industrie s'est emparée de cette matière première. Elle fala même année. La race des bêtes à cornes y est belle ; elles sont l'objet des soins des paysans, qui depuis longtemps se livrent à la fabrication d'excellents fromages. L'abeille et le ver à soie reçoivent des soins assidus.

Quelques souvenirs de l'antiquité sont conservés dans les campagnes du Milanais : ces chars pesants à roues basses et massives, traînés par plusieurs paires de bœufs dont les longues cornes sont ornées de boules de fer poli, et dont la queue est assujettie de côté par des rubans ou des guirlandes ; ces paysannes dont les cheveux relevés en tresses sont attachés avec une flèche d'argent ; ces bergers portant, au lieu de houlette, un bâton en forme de crosse, et dont l'épaule gauche est élégamment drapée d'un manteau ; ces moutons dont le nez arqué, les oreilles pendantes et les jambes minces et élancées rappellent certains bas-reliefs antiques, annoncent l'Italie et ses riches souvenirs. Mais ces caractères qui frappent au premier abord forment un contraste pénible avec la misère des paysans. Il faut nous habituer à des contrastes plus pénibles encore ; l'Italie est le pays du luxe et de la pauvreté.

Les communications commerciales sont favorisées par de superbes routes, des rivières et des canaux. C'est le pays le plus peuplé d'Europe : on y compte 140 âmes par kilomètre carré. La Lombardo-Vénétie renferme, d'après le dernier recensement, 5 503 470 habitants, dont environ 3 000 000 pour la Lombardie seule. La population appartient à la race latine ; la religion catholique est professée par presque tous les habitants.

Le royaume Lombard-Vénitien avait été déclaré, par le traité de Vienne, partie intégrante de la monarchie Autrichienne. L'empereur d'Autriche était représenté par un gouverneur général siégeant à Milan, avant les événements qui viennent de changer la face de ce pays, et qui, au moment où nous écrivons, font passer toute la Lombardie aux mains du roi de Sardaigne. En attendant que la nouvelle souveraineté distribue à son gré l'administration de cette belle contrée, nous la décrirons avec sa division en 9 provinces, telles qu'elles étaient organisées sous la domination autrichienne.

Milan, en italien *Milano*, en allemand *Mailand*, la capitale de la Lombardie, est située dans une vaste plaine, sur les bords de l'*Olona* ; elle a 12 kilomètres de circonférence. On y compte 170 000 habitants. Elle a une en-

---

brique dans les provinces lombardo-vénitiennes pour environ 30 millions de tissus de soie. Bien que déshéritée de son ancien monopole, Venise fait encore avec l'Orient un commerce actif d'étoffes de soie.

« A côté des produits du sol, il faut placer ceux que la main de l'homme va chercher dans les entrailles de la terre. Les provinces lombardo-vénitiennes, comme le reste de l'Italie, manquent de houille, et elles payent, de ce chef, un large tribut à l'étranger. On exploite pourtant avec intelligence et activité les lignites de Seffe et du Vicentin, ainsi que les tourbières des districts de Crémone, d'Angera et d'Iseo. Malgré cette pénurie de combustible, de grandes usines se sont établies et prospèrent. Nous citerons notamment les forges qui traitent le minerai de cuivre dans les provinces de Côme, de Bergame et de Brescia, et qui consomment 230 000 quintaux métriques de matières premières. En somme, la production du fer en Lombardie s'élève, selon les évaluations du docteur Maestri, à 3 362 700 francs. Des usines qui traitent les minerais de cuivre sont florissantes dans la Vénétie. Elles produisent environ 2 000 quintaux métriques de cuivre raffiné. »   (HENRY CAUVAIN.)

ceinte de circonvallation, percée de onze portes. Si cette ville avait plus de rues alignées et larges, elle mériterait le titre de magnifique : on a dit avec raison que les maisons de mauvaise apparence y sont aussi rares que le sont ailleurs les palais. Les rues les plus spacieuses sont appelées *corsi*, parce qu'elles sont le rendez-vous des promeneurs, et qu'on les choisit pour y faire des courses de chevaux. Les places publiques sont presque toutes irrégulières et sans ornements : celle de la cathédrale est longue et étroite. Cet édifice, appelé généralement le *Dôme* (*Duomo*), est l'un des plus remarquables que l'on connaisse ; il fut commencé en 1386 par le duc Jean-Galéas Visconti, et n'est point achevé. Il est peu de monuments gothiques dont les ornements soient plus multipliés : dans toutes les profondeurs, sur toutes les saillies, au-dessus de chaque tour, sur toutes les flèches, s'élèvent des statues en marbre blanc, dont le nombre est évalué à plus de 4 000, mais dont la plupart sont tellement hors de la portée de la vue, que l'on regrette de ne pouvoir, comme les oiseaux qui y font leurs nids, se placer de manière à les regarder de près ; 52 piliers de marbre de 28 mètres de hauteur et de 8 de circonférence supportent ce vaste édifice, dont la construction a dû coûter des sommes immenses. Une chapelle souterraine renferme les restes de saint Charles Borromée, dans une châsse d'argent, chargée de bas-reliefs et d'ornements en vermeil. La vieille église de Saint-Ambroise renferme le tombeau de saint Benoît et celui de Bernard, roi d'Italie, et de son épouse Berthe. C'est dans cet édifice que les empereurs d'Allemagne allaient jadis recevoir la couronne de fer. L'ancien couvent des dominicains est célèbre par le beau tableau de Léonard de Vinci, représentant la Cène, et peint à l'huile sur les murs du réfectoire ; le temps, la fumée et l'humidité l'ont tellement endommagé, qu'il est à craindre que bientôt il n'en reste plus de traces (1). L'église de Saint-Alexandre est ornée d'un beau portail, et celle de Sainte-Victoire est tellement surchargée d'or qu'elle ressemble plutôt à une salle de spectacle qu'à un temple, où tout doit inviter au recueillement.

Les autres principaux édifices publics de Milan sont : le palais archiépiscopal, orné de tableaux précieux ; le palais royal, celui de la régence ; le palais Marini, occupé par le ministère des finances ; le palais de justice et l'hôtel de la monnaie, peu digne de Milan sous le rapport de l'architecture, mais curieux par sa belle collection de médailles et de monnaies d'Italie. Ces édifices ne sont cependant point à comparer à la magnifique caserne que fit bâtir le vice-roi Eugène, et que l'on regarde comme la plus belle du monde. Une douzaine de palais, appartenant à des particuliers, attestent, par la beauté de leur architecture et la richesse de leurs ornements, l'opulence de quelques familles milanaises.

Des quatre ou cinq théâtres de Milan, les deux plus fréquentés sont l'Opéra et

(1) On a peine à croire que l'autorité municipale de Milan ait jadis changé ce réfectoire en un corps-de-garde et même en une prison, en y faisant loger les prisonniers de guerre à la garde des Français. Qu'on juge par là s'il est étonnant que ce chef-d'œuvre, qui compte trois cents ans d'antiquité et auquel on semblait prendre si peu d'intérêt, n'ait paru à des soldats, généralement peu connaisseurs, qu'une misérable peinture, sur laquelle on pouvait s'exercer à la cible. Une vieille femme, qui habitait dans le voisinage, et qui fut témoin de cette sorte de profanation, racontait à un voyageur français, que Bonaparte, étant à Milan, vint voir ce beau tableau, et, le trouvant en si mauvaises mains, leva les épaules, frappa du pied, fit évacuer le local, murer une des portes et placer la balustrade que l'on y voit encore.

le spectacle de *Girolamo*. Le premier, appelé *Scala*, parce qu'il occupe l'emplacement d'une ancienne église de ce nom, est vaste et décoré avec élégance. Ses six rangs de loges présentent un aspect imposant ; le second passe en Italie pour l'un des plus célèbres théâtres de marionnettes. Sur le théâtre de *Girolamo*, on représente des tragédies, des opéras, des comédies et des ballets ; la meilleure société de Milan s'y réunit, et, depuis l'homme du peuple jusqu'au riche financier, chacun exprime, par de francs éclats de rire, le plaisir qu'il éprouve aux lazzis de *Girolamo*, personnage burlesque, qui est à la fois le *polichinelle* napolitain, l'*arlequin* de Venise et le *gianduja* de Turin.

L'immense esplanade qui entoure les restes de l'ancien château de Milan était un terrain humide et malsain, qui, sous l'administration française, fut transformé en une agréable promenade ombragée, et qui reçut le nom de *Foro-Bonaparte*. L'extrémité de la route du Simplon est occupée par un bel arc de triomphe, orné de magnifiques bas-reliefs en marbre blanc. Près de là, est une vaste place d'armes, près de laquelle on voit le *Cirque*, monument du règne de Napoléon Ier, et qui, par sa grandeur, rappelle ceux des Romains : les gradins peuvent contenir 30 000 spectateurs, et l'arène est destinée à des courses et à des jeux publics. Il est à regretter que cet édifice ne soit point terminé. Près de la porte Orientale, le Cours, bordé de riches palais, et la rangée d'arbres qui s'étend entre cette porte et la porte Romaine, sont fréquentés par les promeneurs à équipages ; c'est là que les élégants milanais vont étaler le luxe de leurs chevaux et montrer leur adresse à conduire de légers phaétons.

Les établissements d'instruction sont nombreux : on compte deux lycées, un séminaire, des colléges, une école polytechnique. L'état-major de Milan a produit de beaux travaux cartographiques.

Nous ne nous arrêtons point à décrire la bibliothèque Ambroisienne, fondée par le cardinal Borromée, ni celle de Brera, dans le palais du même nom, bâtiment magnifique où se trouvent l'académie des beaux-arts, l'institut des sciences, lettres et arts, et qui possède un superbe observatoire et un jardin botanique, riche en plantes exotiques. Nous ne décrirons point non plus les nombreux hôpitaux, ni les nombreux établissements fondés par la bienfaisance.

Plusieurs auteurs ont épuisé les fécondes ressources de l'étymologie pour découvrir celle de l'antique nom de *Mediolanum*, que portait cette ville. Ce n'est ni à deux guerriers toscans, ni à sa position entre deux fleuves, ni à une truie à moitié couverte de laine (*mediolana*) que Bellovèse, son fondateur, aurait vue à la place qu'elle occupe, qu'elle doit son nom, puisque plusieurs villes gauloises étaient appelées de même. Elle était magnifique à l'époque de la splendeur de l'empire Romain : plusieurs antiquités l'attestent. Près de l'église de *San-Lorenzo*, on voit encore une rangée de seize colonnes de marbre, qui passent pour être les restes des bains de Maximien-Hercule, associé de Dioclétien à l'empire.

Milan a toujours tenu un rang distingué dans les lettres et dans les arts : Virgile y fit ses études, et Valère-Maxime y prit naissance. Dans les temps modernes, elle vit naître l'antiquaire Octavio Ferrari, le mathématicien Cardan et les célèbres jurisconsultes Alciat et Beccaria. Le commerce de cette ville est considérable, et ses fabriques sont en grand nombre.

Monza, à quelques kilom. au nord de Milan, possède un beau palais et une cathédrale, dont le trésor est l'un des plus riches de l'Italie; on y montre la célèbre couronne de fer, que Napoléon 1er plaça sur sa tête en disant, d'après l'inscription qui y est gravée : *Dieu me la donne, gare à qui la touche*. Cette ville, dont la population est à peine de 12 000 âmes, existait sous le nom de *Moditia* ou de *Modœtia*, du temps des Romains. Sa position agréable sur les bords du *Lambro* la fit choisir par Théodoric, roi des Goths, pour l'une de ses résidences.

Entre Monza et Milan, le village de *La Bicoque* (*Bicocca*), à peu de distance de l'Olona, rappelle une défaite des Français en 1522. — *Legnano*, célèbre par une victoire des Milanais sur l'empereur Barberousse en 1176, est situé sur l'Olona. — *Gallarate*, qui compte 6 000 habitants, possède des fabriques de coton. — *Sesto-Calende*, à l'extrémité sud du lac Majeur, se livre à un commerce assez actif de transit avec la Suisse. — *Marignan* (en italien *Melegnano*), au sud de Milan, est fameux par la victoire que François 1er remporta sur les Suisses en 1515, et par celle des Français sur les Autrichiens en 1859. — *Cassano*, sur l'Adda, a été, en 1705, le champ de victoire des Français, qui y battirent les Impériaux. — *Vimercate*, dans un délicieux pays appelé *Brianza*, a été illustré par plusieurs engagements militaires.

Sur la frontière méridionale du royaume, *Pavie* s'élève au bord du Tésin. Cette rivière lui fit donner le nom de *Ticinum;* son origine, suivant Pline, est antérieure à celle de Milan. Sous les empereurs, elle était considérable : Tacite en fait mention; sa situation est délicieuse. Les Longobardi la choisirent pour capitale; mais on ignore d'où lui vient le nom de *Pavie* (d'abord *Papia*). Elle fut ravagée par le maréchal de Lautrec, qui, par une conduite barbare, chercha à venger la célèbre défaite de François 1er. Elle est ceinte de murailles massives, de tours à moitié ruinées, de bastions, de fossés, et a 26 000 habitants. Ses rues sont larges, et sa grande place est entourée de portiques. Sa cathédrale est belle et bâtie dans un goût qui indique l'époque de la renaissance de l'art. On y conserve un vieux mât, que l'on prétend être la lance de Roland. Parmi ses monuments religieux, citons les églises *del Carmine* et de *Santa-Maria Coronata*, qui se font remarquer par leur architecture élégante. Un théâtre et plusieurs autres édifices décorent cette ville, et son université célèbre remonte à l'époque de Charlemagne. Les hommes les plus éminents y professèrent : le naturaliste Spallanzani et le physicien Volta y enseignèrent les sciences qu'ils enrichirent d'un si grand nombre de découvertes. Parmi les palais de Pavie, les plus beaux sont ceux de *Brambilla* et de *Maino*. L'ancien palais *Castello*, transformé en caserne, rappelle la fameuse résistance de 300 Français en 1796. La *Chartreuse de Pavie*, entre cette ville et Milan, est une des plus belles constructions d'Italie. — Entre le Tésin et Milan, *Magenta*, bourg de 6 000 habitants, près du Naviglio Grande, fut témoin d'une grande victoire des Français et des Sardes sur les Autrichiens le 4 juin 1859. — *Buffalora*, très-près du Tésin, est située sur la route de Novare. — *Turbigo*, au nord-ouest, rappelle un autre brillant fait d'armes des Franco-Sardes en 1859.

Lodi (18 000 habitants, l'ancienne *Laus Pompeia*, qui s'élève sur la rive gauche de l'Adda, rappelle une fameuse victoire des Français en 1796. Entourée de murailles élevées, ornée de quelques belles places, de plusieurs palais, d'un théâtre, Lodi n'en est pas moins une ville assez triste. On y fait un commerce important de soieries, de faïenceries (*majolica*), et surtout de fromages, que l'on vend sous le nom de *parmesans*. La vieille citadelle a été transformée en caserne.

Crema, sur les bords du Serio, compte environ 9 000 habitants, dont beaucoup se livrent à la fabrication de la toile. Un château fort la défend. — *Agnadel* (2 000 hab.), qui a été le champ de deux victoires des Français, en 1509 et en 1705, est située à quelques kilomètres de la rive gauche de l'Adda.

A 38 kilomètres au nord de Milan, à l'extrémité méridionale de la branche sud-ouest du lac du même nom, *Côme* (20 000 hab.), la patrie de Pline le Jeune, de Paul Jove, de Clément XIII, d'Innocent XI et de Volta, est dans une délicieuse situation. Sa cathédrale, bâtie en marbre, est digne d'attention, quoiqu'elle soit un mélange des architectures gothique et moderne. Prise et incendiée par les Milanais en 1127 et 1271, incorporée au duché de Milan en 1335, Côme a joué un rôle important dans la guerre de l'Indépendance, en 1859. Garibaldi, à la tête de quelques milliers de chasseurs des Alpes, s'en empara et chassa les Autrichiens des territoires voisins. Une des premières villes du royaume Lombard-Vénitien, Côme déclara l'Autriche déchue de son autorité. Dans le voisinage, au milieu de riants paysages, citons la villa d'*Este*, longtemps résidence de la reine Caroline d'Angleterre. — *Varese* (8 000 hab.), prise par Garibaldi sur les Autrichiens en 1859, occupe une position importante à peu de distance d'un lac du même nom. Les habitants se livrent à l'industrie de la soie et au commerce de bestiaux. Les environs possèdent beaucoup de riches villas; le *Sacro Monte di Varese* est un lieu de pèlerinage très-fréquenté. — *Luino* (4 000 hab.) est placée à l'entrée de la vallée de la Tresa, sur la rive orientale du lac Majeur. — *Lecco*, à l'extrémité méridionale de la branche sud-est du lac de Côme, qui est nommée lac de Lecco, près de la sortie de l'Adda, est le centre d'une industrie assez active. — *Bellaggio*, à la pointe de la presqu'île qui s'avance entre les deux bras du lac de Côme, est entourée de charmantes villas. — *Bellano*, près du bord oriental du même lac, à l'embouchure du torrent Pioverna, est à peu de distance de la magnifique cascade dite l'*Orrido di Bellano*. — *Gravedona*, sur le bord nord-ouest du lac, possède un beau palais. — *Tremezzo*, sur la rive occidentale, est dans une délicieuse situation. — Le fort de *Fuentès*, à l'entrée de l'Adda dans le lac, construit au xviᵉ siècle par les Espagnols, démantelé au xviiiᵉ, fut rétabli par les Autrichiens. Cette position est regardée comme la clef de la Valteline.

Le lac de Côme est le *Larius* des anciens; ses bords sont enchanteurs : il faut en suivre les rives ou le traverser dans sa longueur pour arriver au bas des pentes des Alpes, dans cette pittoresque vallée de l'*Adda* supérieure que l'on nomme *Valteline* (*Val Tellina*). Cette vallée, qui fit partie de la Suisse, puis de la France, avant d'être réunie, sous la monarchie Autrichienne, au royaume Lombard-Vénitien, a pour chef-lieu la jolie ville de *Sondrio*, dont la population active et industrieuse est de 4 000 habitants. — A l'est de Sondrio, après le village de *Ponte*, remarquons *Tivano*, sur l'Adda, dont les foires sont très-fréquentées et qui a une belle église; plus haut, au pied des Alpes Rhétiques, *Bormio*, près du fameux col du *Stelvio*, qui conduit dans le Tyrol. — A l'ouest de Sondrio, *Morbegno* (2 500 hab.) compte plusieurs moulineries de soie. — *Chiavenna*, dans la pittoresque vallée de la Maira, fait un commerce assez actif, grâce à sa position au débouché des routes du Maloïa et du Splugen, conduisant dans les Grisons.

Après avoir traversé la chaîne méridionale de cette vallée, on voit, entre le *Brembo* et le *Serio*, petites rivières qui prennent naissance dans ces montagnes, la ville de *Bergame* ou *Bergamo* (30 000 hab.). Les Romains l'appelaient *Bergomum*. Elle fut dévastée par Attila, rétablie par les Lombards, et devient ville libre sous les successeurs de Charlemagne. A l'époque de la splendeur de Venise, elle dépendait de son territoire. On y voit de belles églises, deux théâtres et des établissements d'instruction et de bienfaisance. Son commerce en soie et en fer est considérable. Ses foires sont renommées. — Dans la même province, *Canonica* (2 000 hab.), sur l'Adda, est une ville commerçante. — *Treviglio* (6 000 hab.) se livre à l'industrie. — *Clusone, Gandino, Lovere* (4 000 hab.), possèdent des fabriques de drap. — *Caravaggio,* ville de 5 000 habitants, a vu naître Michel-Ange d'Amerighi, surnommé le Caravage. — Le grand *Val Camonica*, parcouru par l'Oglio supérieur, avant que cette rivière se jette dans le lac d'Iseo, appartient à la province de Bergame.

Entourée de fossés, de murailles et de bastions, dominée par la citadelle de *Santa-Croce,* arrosée par le Pô et par un canal qui communique de ce fleuve à l'Oglio, la ville antique de *Crémone* est située dans une plaine agréable. Fondée par les *Cenomani,* nation gauloise, elle doit à cette origine le nom celtique de *Crémon.* Fidèle au parti de Brutus, son territoire fut distribué aux soldats d'Auguste; Vespasien la fit saccager par les siens, et elle fut pillée par les Goths. L'empereur Barberousse lui fit éprouver un sort semblable; le maréchal de Villeroy y fut fait prisonnier par les Autrichiens en 1702, et, en 1799, ces derniers remportèrent sous ses murs un avantage sur les Français, qui prirent néanmoins la ville en 1800, et la conservèrent jusqu'en 1814. Crémone jouit en Italie d'une grande réputation pour ses instruments de musique et surtout ses violons. Elle occupe une superficie considérable : sa circonférence est de 9 kilomètres, et sa population de 28 000 habitants. Ses rues sont larges, droites et bien bâties; elle a de grands palais, mais tous construits dans le style gothique, et de nombreuses églises, dont la plus importante, le Dôme ou la cathédrale, est ornée d'une tour, l'une des plus élevées de l'Italie : elle a 125 mètres de hauteur. La forme allongée de Crémone l'a fait comparer à un navire dont cette tour serait le grand mât. On y fait un commerce assez important de grains, de lin, de fromage, etc. — *Casal-Maggiore* (15 000 hab.), sur la rive gauche du Pô, est un endroit fort industrieux. — Sur l'Adda, on remarque *Pizzighettone* (4 000 hab.), qui servit quelque temps de prison à François Ier, après le malheur de Pavie; c'est une place forte, qui a subi plusieurs siéges.

A 45 kilom. au nord de Crémone, et près de la Mella, *Brescia,* entourée de remparts et de fossés, a des rues larges et belles, et 35 000 habitants. Son palais de justice se distingue, à l'extérieur, par un mélange d'architecture gothique et moderne, et, à l'intérieur, par des peintures à fresque et des tableaux précieux. Son palais municipal est magnifique; son grand théâtre se fait remarquer par son beau péristyle, et sa cathédrale par la hardiesse de sa voûte, ses tableaux, ses statues et ses riches autels. Signalons encore un temple antique et une riche bibliothèque. Cette ville, dont le commerce est étendu, est célèbre par ses armes à feu. Brescia fut une république au temps de la ligue lombarde. Cédée aux Vénitiens en 1426, elle eut à soutenir plusieurs siéges. Sforce et les Milanais y remportèrent, en 1439, sur les Vénitiens, une brillante victoire. Bayard s'y défendit brillamment en 1520. En 1796, les Français s'en emparèrent; Napoléon III vient d'y séjourner, dans la campagne de l'indépendance italienne. C'est la patrie d'Arnaud de Brescia et du poëte Gambara. — *Calcio*, sur l'Oglio, fait un important commerce de draps. — *Chiari* (8 000 hab.), autrefois fortifiée, a été témoin d'une victoire du prince Eugène sur le maréchal de Villeroy, en 1701. — *Orci-Novi*, sur la rive gauche de l'Oglio, a de vieilles fortifications.— *Ponte-Vico* possède un fort beau pont sur l'Oglio. — *Iseo*, sur le lac du même nom, se livre à l'industrie. — *Gardone*, dans le Val Trompia, possède des fabriques d'armes à feu, ainsi que *Pieve*, *S.-Apollonio* et *Lumezzane*, situés dans le même territoire. — *Idro*, sur les bords du lac qui porte ce nom, possède plusieurs forges. Les habitants s'adonnent aussi à la pêche. — *La Rocca d'Anfo* est une excellente forteresse, placée à l'extrémité du défilé du Val Sabbia. — A *Calcinato*, bourg de 3 500 habitants, les Français furent vainqueurs en 1706 et 1796; à *Montechiaro* (6 000 hab.), ils remportèrent une autre victoire sur les Autrichiens en 1796.—*Gargnano*, qui a un port sur le lac de Garde, à l'ouest, est entouré de cultures d'oliviers, d'orangers et de citronniers. — *Salo* (5 000 hab.), autrefois fortifiée, s'élève dans une belle situation, sur le même bord occidental du même lac (1). — *Peschiera*, à l'extrémité sud du lac de Garde, est une des places les mieux fortifiées du

(1) Le lac de Garde, le plus grand de l'Italie, mérite une description particulière : il s'allonge du nord au sud, entre la Lombardie et la Vénétie, et s'avance, vers son extrémité septentrionale, jusque dans le Tyrol. Il a une longueur de 50 kilomètres; dans sa partie inférieure, il atteint la largeur de 16 kilomètres. Sa forme, quoique en général régulière, présente quelques découpures. Sur la rive méridionale s'avance la petite presqu'île de Sermione, où Catulle, charmé des délicieux points de vue qui s'offraient à lui, voulut fixer sa résidence; on y trouve encore, dit-on, les ruines de sa demeure. Quelques îles importantes sont disséminées dans le voisinage des côtes. Le lac de Garde reçoit, au nord, la Sarca, et s'écoule au sud par le Mincio. Sa profondeur est variable; sur un point, la sonde va jusqu'à 290 mètres. Quoique garanti des grands vents par les hauteurs qui l'entourent, le lac de Garde est exposé à des vents irréguliers dont les navigateurs combattent les rigueurs avec beaucoup de difficulté. Les pêcheurs y trouvent un nombre considérable de poissons recherchés : les sardines, les truites saumonées, les aloses, les anguilles y pullulent. Ses bords sont riches en sites agréables : les villes, les bourgs, les maisons de plaisance, appuyés sur le flanc de coteaux couverts d'orangers, de mûriers, de vignes, offrent des points de vue qui ont été, à juste titre, chantés par les poëtes : Virgile et Catulle les ont décrits, et, depuis, plus d'un disciple d'Apollon s'est senti inspiré en contemplant les mêmes paysages. Nommé par les anciens *Benacus lacus*, le lac doit, dit-on, son nom à une grande ville que l'on s'est efforcé de retrouver sur l'emplacement de Garda ou de Toscolano. Le Mincio, dont les bords ont été illustrés par les vers de Virgile, est, en effet, dans son cours supérieur, une délicieuse rivière; mais, dans sa partie inférieure, ses eaux tranquilles, deviennent limoneuses et malsaines. Il est sujet à de fréquents débordements. Il passe à Mantoue, où il forme quatre lacs créés par l'art, et se jette dans le Pô, près de Governolo, à environ 17 kilomètres au sud-est de cette ville. Un canal, connu sous le nom de Fosso-Nuovo, qui s'en détache à Mantoue même, renferme avec le Pô un delta appelé il Seraglio, d'une fertilité extrême, qui contribue considérablement à l'approvisionnement de la place.

nord de l'Italie (1). Assiégée en 1796, en 1799 et en 1848, Peschiera fut possédée par les Français de 1801 à 1811. Dans le voisinage, les touristes vont admirer les grottes de Catulle et quelques débris de pierres que l'on dit être les ruines de la maison du poëte. — En descendant le Mincio, citons *Monzambano,* où les Autrichiens furent défaits par les Français en 1800 ; — *Borghetto,* petite place fortifiée, devant laquelle les Français remportèrent un brillant avantage sur les Autrichiens, en 1796 ; — *Goito,* qui fut témoin d'une victoire des Sardes sur les Autrichiens en 1848. — *Asola,* sur la Chiese, est d'une haute antiquité.

Le territoire au sud du lac de Garde, entre le Mincio et la Chiese, est un plateau célèbre dans les fastes de la guerre (2) : les expéditions merveilleuses du général Bonaparte, en 1796, l'avaient déjà immortalisé, surtout par la victoire de *Castiglione delle Stiviere,* et par deux brillants engagements à *Lonato;* les Français viennent de l'illustrer encore, en 1859, par la victoire de *Solferino.*

Arrivons à *Mantoue* (*Mantova*), une des plus fortes places de l'Italie.

Mantoue est située sur une île, dans une position insalubre, au milieu d'un lac artificiel et de marais formés par les eaux du Mincio. Les chaussées ou digues qui traversent ce lac le partagent en quatre parties : les lacs Supérieur, Moyen et Inférieur, du côté oriental et septentrional, et le lac Pajolo, qui entoure la ville du côté de l'ouest et au midi. Ce dernier lac mériterait plutôt le nom de marais, car ses eaux sont peu profondes et exhalent des miasmes pestilentiels, qui déciment la garnison, surtout en été. Un canal de navigation traverse la ville dans toute sa largeur, et reçoit les barques venant du Pô et entrant dans la darse par la Porta Catena.

« L'aspect de Mantoue réveille des idées diverses, dit Millin ; l'imagination se rappelle que ce lieu a vu naître Virgile ; on aime à se souvenir de la gloire et des libéralités des Gonzague ; et sa situation, au milieu d'un vaste marais formé par les débordements du *Mincio,* donne d'abord l'idée d'une ville imprenable; mais ces eaux malfaisantes y portent souvent la fièvre et en défendent mal l'approche ; car Mantoue, souvent assiégée, a été prise plusieurs fois (3). »

(1) « Peschiera est située sur une petite île formée par le Mincio, à sa sortie du lac de Garde. Cette petite place est destinée à dominer le flanc droit de la ligne du fleuve, à maintenir libres les communications avec le lac et à garder le système d'écluses établi pour produire un fort et soudain courant dans le Mincio, capable d'entraîner tous les ponts de bateaux que l'ennemi pourrait y avoir établis jusqu'à Mantoue. Les ouvrages de la place, datant du temps de la république de Venise, ont été, plus tard, améliorés par les Français sans avoir jamais présenté une grande force de résistance. Les Piémontais, attaquant Peschiera en 1848 avec des moyens comparativement faibles, ont mis un peu plus de trois semaines à s'en emparer. Depuis, les Autrichiens ont établi plusieurs ouvrages détachés sur la rive gauche du fleuve pour protéger la place contre le feu dominant d'un ennemi qui aurait réussi à s'y établir. » (*Demmler.*)

(2) « Ce territoire, dit M. Demmler, professeur à l'École d'état-major, est d'un accès très-difficile, du côté du Mincio surtout; il présente une suite de positions défensives d'une force extrêmement grande. »

(3) La force principale de Mantoue ne réside pas dans la solidité de ses ouvrages, mais dans la difficulté de s'approcher au milieu des eaux et des marais. Pourtant, dans un Mémoire justificatif, le général du génie Foissac-Latour, qui, en 1799, n'a pu défendre cette

La ville proprement dite est renfermée par de vieilles fortifications d'un profil fort irrégulier et fort vicieux. Cinq portes y conduisent : ce sont les portes de Pradella (route de Crémone), de Molina (à la citadelle), de San-Giorgio (au fort de ce nom, à l'est), de Cerese et de Portello. Ces deux dernières portes donnent accès au camp retranché qui est établi au midi de la ville. Quatre forts détachés entourent le corps de la place; ce sont : au nord, la citadelle, avec une belle porte dont le dessin a été donné par Jules Romain; elle forme un pentagone régulier dont la gorge, fermée par un simple mur, est appuyée sur le lac Supérieur; le fort de la lunette de San-Giorgio (Saint-George), sur la rive gauche du Mincio, à l'est; ces deux forts sont réunis au corps de la place par des chaussées ou des digues fort étroites et très-longues; — le fort de Pietole, à l'extrémité sud-est du camp retranché; — enfin le fort de Pradella, défendant la route de Crémone.

On prétend que Mantoue fut fondée par les Étrusques plusieurs siècles avant Rome. Quoi qu'il en soit, les Romains en devinrent maîtres en 197 av. J.-C., après la bataille du Mincio. A la fin du xviie siècle, elle renfermait 50 000 habitants; aujourd'hui, elle n'en compte que 30 000. Ses rues sont larges, et presque toutes tirées au cordeau; ses places sont grandes et régulières; celle de Virgile est une des principales. Cette ville s'enorgueillit avec raison d'être la patrie de Virgile, et l'on aime a voir le soin qu'elle prend de le rappeler : l'une de ses huit portes est surmontée de son buste, et l'une de ses places est ornée d'un monument à la gloire de ce poëte immortel. Cependant Virgile n'est pas positivement né à Mantoue; mais il s'en considérait lui-même comme un des enfants; aussi voulut-il que son tombeau conservât ce distique, résumé de sa vie :

> Mantua me genuit : Calabri rapuere; tenet nunc
> Parthenope : cecini pascua, rura, duces.

Le poëte Battista Spagnuoli et les Ghisi, artistes célèbres, y naquirent.

La cathédrale a été construite d'après les dessins de Jules Romain; un de ses plus beaux édifices est le palais du *Te,* ainsi appelé, dit-on, parce qu'il a la forme de la lettre T. C'est dans l'église de Saint-Égide que reposent les cendres du Tasse, le Virgile de la moderne Italie, et dans l'église Saint-Barnabé que l'on trouve le tombeau de Jules Romain.

L'industrie de cette ville est peu active; cependant elle offre quelques fabriques de soieries et de draps, et des tanneries.

Mantoue, selon les uns, fut bâtie au xve siècle avant J.-C.; selon les autres, au xie, par Ocnus et Bianor, et reçut son nom de la prophétesse Manto, mère d'Ocnus. Prise par les Gaulois quelque temps après, capitale des Cénomans, ville romaine, tour à tour au pouvoir des Germains, des Visigoths, des Hérules, des Ostrogoths, des Grecs, des Lombards, des Francs; république lombarde au xiie siècle, margraviat, ensuite duché, saccagée par les Autrichiens en 1630, occupée par les Français en 1701, de nouveau ville impériale en 1707, Mantoue, dont l'histoire était déjà si remplie, vit, en 1797, Napoléon 1er entrer en triom-

place contre un général autrichien que pendant trois semaines, dit que ses immenses inondations et les difficultés des premiers accès donnent à Mantoue une apparence formidable qu'elle est loin de mériter.

phateur dans ses murs, et les Autrichiens, naguère chassés, y reparaître en maîtres et en oppresseurs en 1814.

C'est près et au sud-est de Mantoue qu'est la patrie même de l'auteur de l'É-
néide, le village de *Pietole* (l'*Andès* des Romains). L'église Sainte-Marie des
Grâces attire dans cet endroit un grand nombre de pèlerins.

VÉNÉTIE.

La *Vénétie*, dépendance de l'Autriche, s'étend depuis le Mincio et le lac de
Garde jusqu'à l'Adriatique, et depuis les Alpes Carniques et Cadoriques, au nord,
jusqu'au Pô, au sud, entre le Tyrol et l'Illyrie, d'un côté, et les États de l'Église,
de l'autre. L'*Adige*, fleuve impétueux et presque rival du Pô par la majesté de
son cours, parcourt la Vénétie; il vient du Tyrol, coule d'abord du nord au sud,
puis de l'ouest à l'est, et se jette dans l'Adriatique, près et au sud des *lagunes de
Venise*. La *Brenta*, grossie du *Bacchiglione*, touche déjà à ses lagunes, au milieu
desquelles elle va se perdre en partie. La *Piave* est au nord-est des mêmes lagunes; le torrentueux *Tagliamento*, enfin, est près des frontières orientales de la
Vénétie. — Le climat, les productions, les aspects de ce pays sont à peu près les
mêmes que ceux de la Lombardie : nous n'y reviendrons pas. Dans l'une comme
dans l'autre contrée, le charme d'une douce température est souvent détruit par
les miasmes des marais.

Au pied de ces montagnes qui forment les limites septentrionales, le villageois
est souvent atteint de la *pellagre*, affection cutanée dont le caractère extérieur
consiste en taches brunâtres ou noirâtres qui se développent sur toutes les parties
du corps, excepté au visage; elle fait naître chez quelques individus les sym-
ptômes alarmants de la démence ou du délire. Cette maladie, qui est souvent
mortelle et qui porte au suicide ses malheureuses victimes, paraît au printemps,
augmente pendant les chaleurs de l'été, et disparaît aux approches de l'hiver : on
ignore encore à quelle cause elle est due; mais il y a tout lieu de croire qu'une
nourriture malsaine la fait naître; elle est peu répandue dans les environs de Venise. S'il faut en croire des renseignements, peut-être exagérés, les environs de
Peschiera, près du lac de Garde, sont tellement redoutables, surtout pour les
étrangers, que les régiments français, lors de leur passage en 1796 et 1797, as-
sure M. Simond, tiraient au sort pour aller former la garnison de cette ville. Depuis cette époque, l'état sanitaire du pays s'est beaucoup amélioré.

Commençons notre excursion en Vénétie par le territoire renfermé entre le
Mincio et l'Adige.

Peschiera, Mantoue, Legnago et Vérone forment ce qu'on appelle le *quatri-
latère*. Ces quatre places, situées, les deux premières sur le Mincio, et les deux
autres sur l'Adige, occupent quatre angles stratégiques importants. Les troupes
qui y stationnent peuvent, à un moment donné, concentrer toutes leurs forces
sur un point et écraser un ennemi éparpillé.

Les vieilles murailles de *Vérone* (en italien *Verona*) sont dominées au nord par
des collines couvertes de vignes et de maisons de campagne. L'Adige divise cette

ville en deux parties égales; on y compte 55 000 âmes. Les opinions sont incertaines sur l'époque de son origine. On sait seulement que, du temps de Strabon, elle était déjà importante. La beauté des cinq portes qui la décorent annonce une grande ville, mais son intérieur répond peu à cette apparence : ce sont de petites rues étroites. On en cite pourtant quelques-unes qui sont larges, bien pavées et garnies de trottoirs. Vérone possède de nombreux palais; les plus remarquables sont ceux de *Gran-Guardia*, de *Canossa*, de *Guasta-Verza* et de *Pompei*. Son hôtel de ville renferme de précieux tableaux de l'école vénitienne, et son musée une riche collection d'antiquités. A côté de ces richesses, subsistent encore de vénérables témoins de son antique splendeur, dont le plus remarquable est un amphithéâtre d'une belle conservation. A la vue de ces monuments, on se rappelle que l'on est dans la patrie de Pline l'ancien et de Cornélius Népos; en admirant les tableaux qui décorent la plupart de ses églises, on ne peut oublier que la moderne *Vérone* a donné le jour à un peintre célèbre : à Paul Véronèse. « *Vérone*, dit un officier de notre armée, est la dernière et la plus reculée des quatre places du quadrilatère. Lors de nos guerres précédentes d'Italie, elle n'avait qu'une importance secondaire, n'étant entourée que d'un vieux mur bastionné, mais aujourd'hui c'est la plus importante de toutes les forteresses de l'Italie en général. En 1858 encore, elle n'était bien fortifiée que sur le côté oriental tourné vers l'Autriche, tandis que le côté occidental, tourné vers la Lombardie, c'est-à-dire le côté le plus important, était fort négligé. Depuis lors, les Autrichiens ont réparé cette faute. » Vérone, fondée par les Euganéens, fut considérablement agrandie par les Romains. En 402, Stilicon défit les Goths dans le voisinage, et en 489 Théodoric y fut vainqueur d'Odoacre. Après avoir été la résidence des rois lombards, Vérone s'érigea en république.

Legnago (10 000 hab.), située sur l'Adige, est à peu près de la force de Peschiera. Cette place a pourtant l'avantage d'avoir une tête de pont sur chacune des deux rives du fleuve. Legnago est célèbre dans la campagne de 1796.

Si nous suivons le cours de l'Adige, nous remarquons, vers la partie supérieure de ce fleuve, *La Corona*, où Joubert remporta une brillante victoire en 1797; — *Rivoli*, dans le Montebaldo, illustre champ de bataille où Bonaparte défit les Autrichiens le 14 janvier 1797. Le général Masséna, qui s'y distingua, reçut par suite le titre de duc de Rivoli. — *Bussolengo* (3 000 hab.) rappelle une victoire de Schérer sur les Autrichiens en 1799. — A l'est de Vérone, *Caldiero*, dans une position importante, fut le théâtre de plusieurs engagements militaires, et particulièrement, en 1805, d'une bataille entre les Français et les Autrichiens, dont l'issue demeura incertaine; — *Arcole*, sur l'Alpone, a été illustré par la victoire de Bonaparte en 1796; — *Albaredo*, à quelques kilomètres au-dessous du confluent de l'Alpone et de l'Adige, n'est qu'un village populeux, dépendant de *Cologna*, ville de 6 000 habitants, entourée de fossés et de murailles; — *Carpi*, à quelques kilomètres au sud-est de Legnago, fut témoin d'un combat où le prince Eugène battit Catinat en 1701. — Au sud-ouest de Vérone, *Villafranca*, ville commerçante de 6 000 habitants, est célèbre par la paix qui y fut conclue entre les empereurs des Français et d'Autriche, le 11 juillet 1859. — Près de là, sur le Mincio, est *Valeggio*, qui fut le quartier général de Napoléon III, en 1859. — *Garda* (3 000 hab.), sur le bord oriental du lac du même nom, voit croître, dans ses environs, des oliviers et des orangers très-produtifs. — Arrivons maintenant à Padoue (*Padova*). Cette ville, située sur le *Bacchiglione*, et de forme triangulaire, présente une population de 50 000 âmes. L'antiquité de sa fondation n'est pas douteuse; ce qu'en dit Tite-Live, qui naquit dans ses murs, et les beaux vers de Virgile, qui attribue sa fondation à Anténor, prouvent qu'elle existait douze siècles avant l'ère chrétienne; elle portait le nom de *Patavium*, et, s'il faut en croire Strabon, qui vante son commerce et ses richesses, elle pouvait, longtemps avant lui, armer jusqu'à 120 000 hommes. On soupçonnera peut-être le géographe grec de quelque exagération, et son texte de quelque erreur; mais les témoignages de plusieurs poëtes romains attestent du moins la prospérité de l'industrie de cette ville : ses étoffes étaient recherchées. Elle a plusieurs grandes places et de beaux édifices; mais ses rues sont étroites, sales, mal pavées, et garnies d'arcades basses et sombres. Ici, comme dans toutes les villes d'Italie, il y a profusion de tableaux dans les églises, et les tableaux, comme les églises, sont toujours l'œuvre de quelque grand talent; on compte un grand nombre d'églises remarquables; celle de Saint-Antoine possède le corps de son patron. La cathédrale est d'une architecture médiocre. L'église de Sainte-Justine est un élégant édifice. L'université de Padoue est depuis longtemps célèbre; elle s'honore d'avoir eu, parmi ses élèves, Dante, Pétrarque, le Tasse, et, parmi ses professeurs, Galilée, Guglielmini, Fallope. Parmi les palais qui décorent la ville, nommons le *Ragione* et le palais *del Capitanio*. Le *Prato della Valle* est une belle et vaste promenade, ornée de statues de grands hommes. Prise et ruinée par Alaric, Attila et les Lombards, Padoue fut restaurée par Charlemagne. Depuis 1405, elle fut unie au territoire de Venise. Son industrie et son commerce sont assez actifs. — A quelques lieues au sud-ouest de Padoue, le village d'*Arqua* est célèbre par sa position pittoresque, par la maison de Pétrarque, dont on conserve avec soin les meubles et la distribution, et par le tombeau de cet illustre auteur.

Dans la même province, *Este*, ville industrieuse de 9 000 habitants, au pied des monts Euganéens, est le berceau de la fameuse famille du même nom; — *Monselice* compte environ 3 000 habitants; — *Battaglia* est connue par les eaux minérales de ses environs; — *Montagnana* possède plusieurs importantes fabriques.

La *Polésine de Rovigo* est une presqu'île qui s'étend au sud de la province de Padoue, entre l'Adige et le Pô inférieur. — *Rovigo*, le chef-lieu, avec 9 000 habitants, est entourée de murs et défendue par un vieux château. Le principal commerce est celui des grains. — *Adria*, qui a donné son nom à l'Adriatique, et qui était autrefois baignée par la mer, est aujourd'hui à 35 kilomètres du littoral, par suite des atterrissements du Pô. On y fait un commerce considérable de grains, de chevaux et de bestiaux. Les environs sont marécageux et par conséquent insalubres; on y remarque quelques ruines intéressantes.

La province de *Vicence*, territoire très-fertile, a pour chef-lieu l'ancienne *Vicentia*, aujourd'hui *Vicence* (*Vicenza*), sur le Bacchiglione, peuplée de 35 000 âmes, et ceinte d'une double muraille. Ses rues sont irrégulières; mais, sous le rapport de la construction et de l'architecture de ses édifices, c'est une des villes les plus remarquables de la haute Italie. Sa cathédrale est d'un très-beau gothique; l'église de Santa-Corona est d'un style élégant. Ses murs renferment peu d'antiquités : quelques ruines d'un théâtre qu'on croit être du temps d'Auguste, les restes d'un palais impérial, une statue d'Iphigénie conservée chez les Dominicains, sont tout ce qui a échappé aux ravages du temps et aux dévastations des barbares. Elle est la patrie du célèbre architecte Palladio, qui s'est plu à l'embellir. Son industrie consiste surtout dans la fabrication de la soie et de diverses poteries. Vicence, dont l'érection remonte à une date très-ancienne, fut agrandie par les Gaulois Sénonais en l'an 392 avant J.-C. Elle perdit de sa splendeur lors de la décadence de l'empire Romain, et fut souvent traversée par les Barbares. — Au nord, sur la Brenta, s'élève la ville de *Bassano* (12 000 hab.), qui rappelle une victoire de Bonaparte sur les Autrichiens en 1796. Elle possède un ancien château fortifié. On y fait un commerce actif de soieries, de bois, de fers, etc. Le pont qui relie les deux rives de la Brenta a été construit sous la direction de l'ingénieur Ferracino, qui naquit à Bassano. — Au nord, encore sur la Brenta, près de la frontière du Tyrol, *Primolano* et *Carpanedo*, villages situés au milieu des montagnes, ont été des champs de victoire des Français sur les Autrichiens en 1796; à l'ouest de Bassano, *Marostica*, ville commerçante, fut, dit-on, construite par des habitants de Vicence qui, persécutés par Sylla, bâtirent en cet endroit une petite place forte qu'ils nommèrent Marostica, du nom de Marius. — *Asiago*, sur le sommet d'une montagne, compte plusieurs fabriques importantes. C'est le chef-lieu des *Sept-Communes*, territoire généralement boisé, dont les habitants, d'origine teutone, parlent encore un allemand corrompu. Ils se donnent comme descendants des Cimbres que Marius vainquit. — *Schio*, centre d'une grande fabrication de draps, remonte à une très-haute antiquité.—*Cittadella*, sur la rive gauche de la Brentella, est entourée de murs flanqués de tours. — *Tiene* possède plusieurs fabriques de draps et des moulineries importantes. — *Lonigo*, mal fortifiée, compte plusieurs églises et une abbaye.

Trévise (*Treviso*), chef-lieu de la province du même nom, sur la Sile, la Siletta et le Bottenigo, est animée par une industrie active. Ses rues ne sont pas beaucoup plus régulières que celles de Vicence; la plupart de ses places sont vastes et entourées d'arcades; l'hôtel de ville est un bel édifice, la cathédrale est richement ornée. La population est de 20 000 âmes. Les Français s'en emparèrent en 1797. C'est dans le même territoire que l'on remarque, dans une magnifique position, *Asolo* (3 000 hab.), vieille ville ceinte de murailles et de fossés. — A peu de distance, le village de *Bano*, agréablement situé, fut la résidence de la reine de Chypre, détrônée par les Vénitiens en 1489. — A *Ponzagno*, est né Canova, cet illustre sculpteur qui a enrichi sa patrie d'un superbe monument. — Citons encore *Conegliano*, située à peu de distance de la Piave, et dont le nom, avec le titre de duché, fut donné par Napoléon Ier au maréchal Moncey.

Bellune (*Belluno*), chef-lieu d'une belle province, est placée sur les bords de la Piave. Les maisons en sont en général bien bâties. C'est une place de guerre, entourée d'une vieille muraille. Elle est peuplée de 10 000 habitants. Un aqueduc porte à la ville l'eau d'une source assez éloignée. Le *Bosco di Cansiglio*, qui s'étend dans la province de Bellune, est la plus vaste forêt de l'Italie septentrionale.— Les petites villes de *Perarolo* et de *Longarone* font un grand commerce de bois, de fruits et de vins. — *Feltre,* à peu de distance des rives de la Piave, sur une hauteur, possède quelques fortifications. Son industrie consiste surtout en quelques filatures de soie. Sa population est de 5 000 habitants. En 1809, Napoléon donna le titre de duc de Feltre au général Clarke. — Parmi les autres endroits de cette province, citons *Pieve di Cadore,* située au pied des Alpes Cadoriques, sur la Piave, et où les Français furent vainqueurs des Autrichiens en 1797 ; — *Castello,* où il se fait un commerce actif de fer, de cuivre et de soie ; — *Auronzo,* dans un pays boisé ; — *Agrodo* où l'on exploite une mine de cuivre sulfuré, qui passe pour la plus riche de l'Italie.

Le *Frioul italien* forme une province dont le chef-lieu est *Udine,* ville fortifiée, de 20 000 habitants, située le long du canal de la *Roja.* L'édifice le plus remarquable est le château appelé *Grand'Garde,* orné de sculptures et de statues. Près du château, l'on entretient avec soin le *Giardino,* belle promenade plantée de grands arbres, établie par les Français. On fabrique à Udine des étoffes de soie et de laine.

C'est dans le voisinage, au sud-ouest, qu'on remarque le village de *Campo-Formio* (ou plutôt *Campo-Formido*), à jamais illustre par le traité qui y fut signé entre la France et l'Autriche, le 17 octobre 1797. — *Passariano,* plus loin au sud-ouest, est une élégante villa qui fut habitée par Bonaparte pendant les préliminaires du traité. — *Palma-Nova,* ou simplement *Palma,* petite place forte, est à peu de distance des frontières de l'Illyrie. — *Forno di Voltro,* village insignifiant, possède une mine d'argent. — *Latisana,* sur la rive gauche du Tagliamento, est un bourg commerçant. — *Portogruaro,* sur le Lemene, compte 6 000 habitants, qui se livrent principalement à l'industrie de la soie. — *Sacile,* près de laquelle on voit le village de *Fontana-Fredela,* tristement célèbre par une défaite des Français en 1809, est entourée de murailles. — *Pordenone,* sur le Noucello, est le lieu de naissance du peintre Jean Licinio, dit Pordenone. Le général français Sahuc, combattant contre les Autrichiens, y éprouva un échec en 1809. — *Osopo,* sur le Tagliamento, dans une position favorable pour la défense de la route d'Autriche en Italie, est protégée par une citadelle.

En approchant des côtes du golfe Adriatique, les lagunes s'étendent, et leurs eaux verdâtres et stagnantes répandent leur malfaisante influence sur les habitations dispersées qui les entourent ; partout on voit des visages pâles et des êtres languissants. Bientôt les lagunes et la mer paraissent se confondre, et l'on aperçoit *Venise* (en italien *Venezia,* en allemand *Venedig*), sortant du sein de la mer, principal élément de sa richesse et de son antique puissance. Au milieu d'un vaste marais, en face d'une des bouches principales de la Brenta, environ 80 îles, qui, réunies par plus de 300 ponts, semblent n'en faire qu'une, forment le sol de Venise, de cette ville, l'une des plus anciennes et l'une des plus singulières de l'Europe. Sa circonférence est de près de 12 kilomètres ; un grand canal la divise en deux parties égales, et d'autres canaux bordés de maisons forment ses rues dans lesquelles le bruit monotone des rames remplace le fracas des voitures. Entre ces canaux, les groupes de maisons qui s'élèvent sont bien divisés par des rues, mais celles-ci sont si étroites que ce ne sont que des ruelles ou plutôt des passages découverts à l'usage des piétons. Malgré sa position, Venise ne se ressent point de la maligne influence des lagunes; ici, le mouvement continuel des flots divise l'air et l'assainit. Le sol sablonneux de cette cité ne renferme point de sources; quelques citernes particulières et 160 citernes publiques fournissent de l'eau à ses 124 000 habitants. Un immense pont, de 3 605 mètres de long, joint depuis peu Venise au continent. Des ponts innombrables qui unissent les diverses parties de la ville, le plus célèbre et le plus beau est celui de Rialto, sur le canal Grande. Les lagunes et les canaux de Venise font sa principale sûreté : les vaisseaux de guerre ne peuvent l'attaquer : aussi, avant l'expédition française qui eut lieu en 1797, nulle armée ennemie n'y était entrée. Aujourd'hui, grâce aux perfectionnements de la marine, les chaloupes canonnières, qui n'ont besoin que d'un faible tirant d'eau, pourraient l'aborder. L'église de Saint-Marc, l'un de ses principaux édifices, n'est cependant ni la plus belle ni la plus grande de Venise, mais elle est la plus riche en ornements; et l'on a dit avec raison qu'elle ne ressemble à rien au monde. Sa façade, longue et écrasée, présente cinq grandes arcades fermées par des portes de bronze; au-dessus et tout autour, règne une tribune qui, sur la face principale, supporte les quatre fameux chevaux de bronze qu'on prétend avoir été fondus à Corinthe (d'où ils furent transportés à Athènes), qui servirent d'ornements aux arcs de triomphe élevés à Néron et à Trajan à Rome, qui accompagnèrent Constantin à Byzance, qui furent transportés de Constantinople à Venise au xiiie siècle, et qui, sous le règne de Napoléon 1er, ornèrent la place du Carrousel à Paris, d'où en 1815 ils retournèrent à celle qu'ils occupent. L'église de Saint-Marc est l'un des plus anciens monuments du moyen âge; sa fondation remonte au commencement du xe siècle. Le faîte de l'édifice est hérissé de pyramides et de statues dont l'ensemble est bizarre et de mauvais goût; l'intérieur est sombre et surchargé de colonnes, de statues et de dorures; le grand autel est celui de Sainte-Sophie, rapporté de Constantinople avec les chevaux de bronze.

La place de Saint-Marc, la plus belle de Venise, peut être mise en parallèle avec les principales places publiques des capitales de l'Europe. Vue de la mer, elle offre un coup d'œil magnifique. Près du quai, deux colonnes de granite, monolithes apportés de Constantinople, mais sans doute égyptiens, et dont l'un supporte la statue de saint Théodore, l'autre le lion ailé de saint Marc, qui pendant plusieurs années fut à Paris l'ornement de l'esplanade des Invalides; à droite, le palais ducal, dont la lourde architecture a quelque chose du style mauresque; à gauche, le palais royal, édifice moderne orné d'arcades et de colonnes; l'église de Saint-Marc, la monnaie, la bibliothèque et plusieurs beaux bâtiments, ouvrages de l'architecte Lansorino, forment l'enceinte de cette belle place, qui est à la fois le point de réunion des oisifs et des étrangers, et le théâtre des fêtes publiques de Venise. Sous quelques-unes de ces arcades se succèdent les boutiques les plus brillantes et les cafés les plus fréquentés de la ville. La partie la plus rapprochée du quai porte le nom de *Piazzetta,* ou petite place. L'ancienne résidence du doge, le palais ducal ou de Saint-Marc, où siégeaient jadis les redoutables inquisiteurs d'État, édifice qui fut plus d'une fois, comme le sérail de Constantinople, ensanglanté par les têtes que l'on y exposait à la balustrade extérieure, atteste que l'aristocratie armée des lois républicaines peut être aussi sanguinaire que la monarchie armée du cimeterre ottoman. Il faut plus d'un jour pour voir cet édifice ; nous n'essayerons pas d'en décrire l'intérieur : les statues colossales qui ornent l'escalier, les galeries que décorent les chefs-d'œuvre du Tintoret, du Titien, de Paul Véronèse, du Corrége, d'Alberti ; la bibliothèque, composée de plus de 650 000 volumes et de 5 000 manuscrits, plusieurs belles statues antiques, donnent à cet édifice un grand intérêt aux yeux des curieux. On admire le beau portail de Sainte-Marie de Nazareth ; la façade de l'église de Saint-Jérémie, qui ressemble plutôt à un palais qu'à un temple ; le péristyle de celle de Saint-Simon, et la noble architecture de l'école de Saint-Roch. Les théâtres portent presque tous, ici, le nom de quelque saint : l'un des plus grands est celui de Saint-Luc ; celui de Saint-Benoît est consacré aux opéras ; celui de Saint-Ange, à divers genres de productions dramatiques ; celui de la Fenice, incendié en 1836, mais rebâti, est aujourd'hui le plus beau ; il a coûté des sommes considérables. Parmi les nombreux palais dont Venise s'enorgueillit, il en est peu qui ne puissent passer ailleurs pour de belles maisons de particuliers. Cependant, remarquons les palais *Trevisani, Pisani, Giustiniani-Lolin, Manfrini, Grimani* et *Vendramini-Calergi*. Les chantiers et les arsenaux de la marine militaire occupent une enceinte de plus de 5 kilomètres de tour ; mais ce n'est plus cet établissement où, du temps de la république, 16 000 personnes étaient constamment occupées. Les deux grands lions de marbre blanc placés à son entrée du côté de la ville sont encore une conquête de Venise ; ils ont été apportés d'Athènes.

Dans quelques siècles, les arrivages du port de Venise seront sans doute encombrés par les sables qui s'y amoncellent. En ce moment, six seulement des nombreux canaux qui sillonnent la lagune peuvent porter des bateaux chargés et mettent en communication avec la terre, et deux, aboutissant à la Giudecca, large canal qui borde Venise vers le sud-est, donnent accès aux navires venant de la haute mer ; 20 000 balises ou pieux en chêne tracent le chenal que doit suivre la navigation.

Nous n'entreprendrons pas d'esquisser le tableau moral de Venise, qui a été décrit mille fois par bien des écrivains, dont plusieurs d'une haute renommée. C'est, comme on le sait, la ville des intrigues et du mystère. Les romanciers ne se sont pas fait faute de nous transporter dans le dédale de ces rues silencieuses où le calme n'est troublé que par les notes cadencées de la mandoline qu'accompagne une voix mâle et cuivrée, et par le clapotement des flots contre les maisons, ou par le bruit monotone de l'aviron frappant l'onde à intervalles rhythmés. On ne peut refuser aux gondoliers de Venise cet esprit naturel qui fait de cette classe d'habitants une population séparée, qui dut longtemps sa force à son esprit de corps : mais ce ne sont plus ces agiles bateliers toujours gais et chantants, entonnant en chœur les versets du Tasse ; dans leur simplicité grossière, ils ont senti qu'il n'y avait plus de patrie, et leurs chants ont cessé ! Ces hommes savent tous lire et écrire ; on peut en dire autant de presque tous les ouvriers de la ville : il est vrai, a ajouté un malin esprit, avec trop de sévérité sans doute, que c'est à peu près à ces seules connaissances que se borne l'instruction des classes plus élevées. Les bibliothèques publiques sont peu fréquentées. Cette ville, qui a donné naissance aux Algarotti, aux Gaspard Gazzi, aux Goldoni, aux Paolo, aux Bembo et à tant d'autres hommes célèbres, et qui a possédé les imprimeries des Aldes, si elle compte encore aujourd'hui un grand nombre d'esprits éminents, n'est pourtant pas tournée du côté des lettres, comme autrefois. Les Vénitiens ont donc peu de littérature ; la musique seule est leur délassement favori. Voici, suivant Simond, comment les personnes aisées passent le temps à Venise, de leur propre aveu : « Elles se lèvent à onze heures ou midi, font quelques visites ou se promènent par la ville jusqu'à trois heures ; elles dînent, dorment une heure quand il fait chaud, s'habillent et vont au café jusqu'à neuf heures, puis à l'opéra, qui est un autre *casino*, puis encore au café une heure ou deux, et ne se retirent en été qu'au point du jour. Personne ne lit. Les nobles vivent obscurément et pauvrement dans un coin de leur palais. » Nous pourrions ajouter que ce far niente et cette insouciance ne sont malheureusement pas, dans la Vénétie, le partage exclusif des habitants de Venise. Quoi qu'il en soit, les Vénitiens ont montré en plus d'une occasion que, loin d'être insensibles aux grandes questions de l'Italie, ils pouvaient prêter le concours le plus généreux à la cause de l'indépendance.

Malgré la décadence dans laquelle le commerce de Venise est tombé, cette ville, déclarée port franc, est encore l'un des plus importants entrepôts de l'Italie. Les entrées des lagunes au moyen desquelles les navires peuvent y arriver, en venant de la mer, sont, du nord au sud, celles qu'on appelle *Porto dei Tre Porti*, *Porto di Lido*, *Porto di Malamocco*, et *Porto di Chioggia*.

On remarque, près de Venise, des îles nombreuses, dont la plupart sont couvertes de jardins et de vergers. D'abord il faut distinguer celles qui composent la digue naturelle entre la lagune et la mer : ce sont les longues langues de terre (ou *lidi*), sur plusieurs points fortifiés, de *San-Erasmo*, au nord, de *Malamocco* (le *Lido* proprement), au milieu, de *Pelestrina*, au sud ; puis, dans l'intérieur des lagunes, sont les îles de *San-Servolo*, avec un hôpital d'aliénés et de blessés, que dirigent des religieux hospitaliers ; de *San-Clemente*, dans laquelle on trouve les ruines d'un ancien monastère ; de *Poveglia*, où est établi le lazaret ; de *San-Lazaro*, qui possède un couvent d'Arméniens catholiques depuis 1715 ; de *Mazzorbo*, de *Torcello*, de *Burano*, de *Murano*, de *San-Michele di Murano*, de *San-Cristoforo*, enfin l'île de *Lazzeretto-Vecchio*, où le premier établissement sanitaire (appelé de là *lazaret*) fut établi pour garantir Venise des maladies contagieuses que pouvaient transmettre les voyageurs venant du Levant. Presque toutes ces îles présentent un puissant intérêt aux archéologues, qui y rencontrent de curieuses ruines, ou des monuments d'une architecture remarquable ; ou bien elles intéressent par leur industrie : Murano offre sa belle église de Saint-Donat, et conserve des manufactures de ces glaces et de ces fausses perles pour lesquelles l'industrie vénitienne fut renommée de bonne heure ; Pelestrina montre ses énormes murailles de marbre, construites pour s'opposer aux flots de l'Adriatique.

Venise doit son origine à l'invasion de l'Italie par les Huns, en 452. Les habitants, forcés de se retirer devant les hordes barbares, cherchèrent un refuge dans les îles de la lagune. En 697, une ville fut constituée ; l'île de Rialtum (Rivoalto, Rialto) devint la résidence du doge, chef du nouveau gouvernement. Bientôt Venise étendit sa domination sur toute la lagune et sur une partie de la terre ferme. On sait le haut degré de prospérité qu'atteignit cette ville et le pouvoir qu'elle eut un moment sur les mers. Le pape Alexandre III, qui reçut un généreux asile des Vénitiens en 1177, établit, après la défaite de son ennemi Frédéric-Barberousse, qu'à l'avenir Venise aurait le droit de souveraineté sur l'Adriatique, et donna au doge cette mer pour épouse. C'est en commémoration de ce fait que le chef de l'État, le jour de l'Ascension, renouvelait la cérémonie de ce mariage et jetait solennellement un anneau dans les flots de l'Adriatique. La république Vénitienne fut dissoute en 1797.

Mestre, à côté et au nord-ouest de Venise, est une petite ville entourée de gracieuses maisons de campagne. — *Chioggia,* placée au sud de Venise, dans la partie la plus méridionale, des lagunes et au nord de l'Adige, est assez bien bâtie. Ses habitants, au nombre de 25 000, s'adonnent particulièrement à la pêche : ils ont une physionomie belle et caractéristique. Le *Porto di Chioggia* est la plus profonde, la plus méridionale et la plus fréquentée des entrées des lagunes de Venise ; elle est défendue par les deux forts de Caroman et de San-Felice.

Au sud de Chioggia, sont les embouchures des deux fleuves principaux qui parcourent la Vénétie : la Brenta, d'abord, dont on a détourné avec intelligence les eaux, pour qu'elles n'encombrassent pas de leurs atterrissements les abords de Venise et dont l'embouchure proprement dite forme le Porto di Brondolo ; ensuite l'Adige, dont l'entrée se nomme le *Porto-Fossone ;* enfin le Pô, que nous avons si souvent cité dans la description de la Lombardie et de la Vénétie et dont les bouches intéressantes vont encore nous occuper : ses embouchures proprement dites, sujettes à de nombreuses variations, sont toutes comprises entre le Porto di Caleri et le Porto di Volano, dans la baie de Goro. Elles embrassent une étendue de 18 milles géographiques. La plage est, dans tout cet espace, formée par les matières que ce fleuve charrie dans son cours, et qu'il enlève aux terrains de la haute Italie. Ces matières, qui se sont déposées depuis des siècles, ont certainement changé la configuration de la côte ; il est presque évident qu'il y avait un grand golfe là où l'on trouve aujourd'hui une large pointe en saillie, de 8 milles environ, vers l'est. Cette terre, dont le point le plus oriental prend le nom de *Punta della Maestra,* est, en grande partie, marécageuse, couverte de roseaux et entrecoupée d'une infinité de canaux, qui la divisent en une quantité d'îles. Les navigateurs qui vont à Venise doivent s'en tenir à distance à cause des sables.

Le Porto di Caleri est à l'embouchure du *Po di Tramontana ;* les autres branches et bouches du Pô, qu'on trouve successivement en s'avançant du nord au sud, sont le *Po di Levante,* avec le *Porto di Levante ;* le *Po della Maestra,* qui est la branche la plus considérable, mais sans port à son embouchure ; le *Po della Tolle,* le *Po della Gnocca,* le *Po di Goro,* qui forme, avec la Maestra, la grande île d'Ariano, et qui marque la limite entre la Vénétie et les États de l'Église. Nous retrouverons quelques branches du Pô dans ces derniers États.

Un chemin de fer traverse toute la Lombardie et la Vénétie de l'ouest à l'est : Milan, Bergame, Brescia, Peschiera, Vérone, Vicence, Padoue et Venise sont les principales stations de cette importante ligne, à laquelle se rattachent, au nord, l'embranchement de Milan à Côme et celui de Vérone à Botzen ; au sud, celui de Vérone à Mantoue. De Venise, part une autre grande ligne qui se porte sur Trévise, Udine et Trieste.

TABLEAU

DES

DIVISIONS ADMINISTRATIVES DE LA LOMBARDIE ET DE LA VÉNÉTIE

TELLES QU'ELLES ÉTAIENT DANS LE ROYAUME LOMBARD-VÉNITIEN.

PROVINCES.	SUPERFICIE en kil. car.	POPULATION en 1851.	DISTRICTS.
Lombardie.			
BERGAME (*Bergamo*).	4 196	378 123	22
BRESCIA.	3 393	356 225	15
CÔME (*Como*).	2 843	423 206	26
CRÉMONE (*Cremona*).	1 364	204 558	9
LODI ET CREMA.	1 197	218 844	9
MANTOUE (*Mantova*).	2 355	270 100	10
MILAN (*Milano*).	1 944	604 512	16
PAVIE (*Pavia*).	1 360	171 622	8
SONDRIO OU VALTELINE.	3 278	98 550	7
TOTAUX.	21 930	2 725 740	122
Vénétie.			
BELLUNE (*Belluno*).	3 217	157 120	12
PADOUE (*Padova*).	2 123	312 765	12
ROVIGO.	979	153 783	5
TRÉVISE (*Treviso*).	1 460	286 199	10
UDINE OU FRIOUL *italien*.	6 710	429 844	22
VENISE (*Venezia*).	2 856	298 425	8
VÉRONE (*Verona*).	3 040	302 902	13
VICENCE (*Vicenza*).	2 897	340 694	13
TOATUX.	23 482	2 281 732	95

DIVISIONS ECCLÉSIASTIQUES.

ARCHIVÊCHÉ de MILAN.		ARCHEVÊCHÉ de VENISE.	
Évêché de	Bergame.	Évêché de	Adria.
—	Brescia.	—	Bellune et Feltre.
—	Côme.	—	Ceneda.
—	Crema.	—	Chioggia.
—	Crémone.	—	Concordia.
—	Lodi.	—	Padoue.
—	Mantoue.	—	Trévise.
—	Pavie.	—	Udine.
		—	Vérone.
		—	Vicence.

DÉPARTEMENTS DU ROYAUME D'ITALIE (de 1805 à 1814)

auxquels correspondent la Lombardie et la Vénétie.

	DÉPARTEMENTS.	CHEFS-LIEUX.		DÉPARTEMENTS.	CHEFS-LIEUX.
Lombardie	OLONA.	Milan.	**Vénétie**	ADIGE.	Vérone.
	LARIO.	Côme.		BACCHIGLIONE.	Vicence.
	ADDA.	Sondrio.		BRENTA.	Padoue.
	SERIO.	Bergame.		ADRIATIQUE.	Venise.
	MELLA.	Brescia.		PIAVE.	Bellune.
	HAUT-PÔ.	Crémone.		TAGLIAMENTO.	Trévise.
	MINCIO.	Mantoue.		PASSARIANO.	Udine.

DUCHÉ DE PARME.

La contrée dont nous allons nous occuper maintenant a fait, autrefois, partie de la Gaule Cispadane et de la Ligurie ; lorsque Charlemagne porta ses armes victorieuses en Italie, il s'empara de Parme et de Plaisance ; il en fit, dit-on, donation au Saint-Siége. Plus tard, les deux villes se gouvernèrent en républiques ; mais les divisions intestines et les querelles des Guelfes et des Gibelins les firent passer tour à tour au pouvoir des Corrége, des Scaliger, des Visconti, des Sforce et des papes. Lorsque l'un des plus ambitieux de ces princes de l'Église, Jules II, eut organisé, en 1512, la grande ligue des rois contre la France, il se fit donner, par l'empereur Maximilien, les duchés de *Parme* et de *Plaisance*. En 1549, Paul III en disposa en faveur de son fils, Louis Farnèse, qui fut assassiné deux ans plus tard, et dont les descendants en jouirent jusqu'à l'époque où Élisabeth Farnèse, héritière de cette famille, porta en dot ces deux duchés dans la maison de Bourbon, en épousant Philippe V, roi d'Espagne. Les infants don Carlos, don Philippe, et le fils de ce dernier, en furent successivement possesseurs ; mais, en 1805, les deux duchés furent réunis à l'empire Français, et formèrent le département du Taro ; en 1814, ils furent donnés en toute souveraineté, par le congrès de Vienne, à l'archiduchesse Marie-Louise, pour passer, après elle, aux princes de Lucques de la maison de Bourbon-Anjou ou à leurs successeurs.

Dans ces derniers temps, le duché de Parme a été gouverné par le prince Ferdinand-Charles III, qui, à sa mort, arrivée en 1854, laissa une épouse d'un haut mérite, la duchesse Louise-Marie-Thérèse de Bourbon, princesse française ; la régence, entre ses mains, depuis cette époque, a été marquée par une paix profonde, jusqu'aux événements de 1859, qui, en soulevant tout le nord de l'Italie, ont nécessairement eu beaucoup de retentissement dans le duché.

Le duché de Parme est borné, au nord, par la Lombardie, dont il est séparé par le Pô, à l'ouest par le Piémont, à l'est et au sud-est par le duché de Modène ; sa forme est celle d'un triangle, dont la base est appuyée sur le Pô. Sa superficie est de 6 164 kilomètres carrés, et sa population de 509 000 habitants.

Le pays est plat au nord ; mais les Apennins se ramifient dans le duché, en le traversant de l'ouest à l'est. Leurs parties principales y portent les noms de Ragola, Penna, Zuccone, Cento-Croci, Goltero, Corneviglio, Molinatico, Alpe di Succiso, etc. Le point culminant du duché est la Spaggia-Billa, qui est le plus haut sommet des Alpe di Succiso et dont l'altitude est de 2 020 mètres. Le Pô, qui marque la frontière au nord, a pour tributaires la Bardonneggia, qui limite le duché à l'ouest sur un espace de quelques kilomètres ; le Tidone, sur les bords duquel une armée française et espagnole battit, en 1746, les troupes sardo-allemandes ; la Trebbia, qui rappelle une fameuse victoire d'Annibal ; la Chiavenna, grossie du Riglio ; l'Ongina ; le Taro, qui reçoit le Stirone ; la Parma, qui passe dans la capitale, et dont un des principaux affluents est la Baganza ; enfin l'Enza, qui sert de frontière à l'est.

Il y a quelques petits lacs dans les montagnes ; citons le Moo, le Bino, le lac de Varsi, le lac de Germio, etc.

Les productions minérales consistent principalement en cuivre, en fer, en marbre et en albâtre ; on remarque quelques importantes salines, principalement celles de Salso-Maggiore ; on trouve aussi des serpentines, des agates, de l'huile de pétrole, du cristal de roche, des sources minérales à Lesignano. Le duché compte peu de fabriques : l'industrie est peu active. Il exporte surtout des grains et des bestiaux.

Le climat est salubre et tempéré ; les montagnes rendent quelquefois la région méridionale assez froide. Plaisance, qui est dans une des parties les plus chaudes, jouit d'une température moyenne de 12°,2 (Réaumur). Dans les plus grandes chaleurs de l'été, le thermomètre y dépasse rarement 32 degrés ; le plus grand froid de l'hiver a été de — 11 degrés. Les vents qui dominent sont le *maestro*, le *greco* et le *levante*.

L'arête apennine est d'un aspect triste et sauvage ; mais les vallées qui s'ouvrent dans ses environs sont riches et d'un coup d'œil agréable ; le sol des plaines est aussi fertile que celui des montagnes est aride et pierreux. Une belle et hâtive végétation étend, au printemps, son gai manteau de verdure dans la partie septentrionale du duché, où l'on cultive, avec succès, la plupart des céréales et des arbres à fruits. De magnifiques pâturages nourrissent de nombreux bestiaux, surtout des vaches, dont le lait est employé pour la fabrication de ces fromages si connus sous le nom de *parmesans*. On prétend que la race porcine du duché de Parme est la meilleure de toute l'Italie. On élève beaucoup de vers à soie. Le miel et la cire abondent dans les Apennins.

Parme, la *Julia-Augusta* des Romains, capitale et la plus importante ville du duché, est située sur le bord de la *Parma*, rivière qui reste à sec tout l'été. S'il faut en croire quelques écrivains, un bouclier (*parma*) trouvé sur son emplacement aurait été la cause de son nom ; suivant d'autres, son étymologie viendrait du bouclier rond, appelé parma, dont se servaient les *Anamani*, anciens habitants du pays. Entourée de vieilles murailles, Parme, malgré ses richesses, présente un aspect triste ; ses rues sont larges et belles, ses places spacieuses ; mais peu d'habitations se font remarquer par leur architecture. A l'exception de la cathédrale, bâtiment dans le style gothique et d'un aspect imposant, où reposent les cendres d'Augustin Carrache, les églises et les palais sont, en général, aussi simples dans leur construction, aussi modestes dans leurs ornements, qu'ils sont riches en tableaux précieux. Le Baptistère, qui remonte au xiie siècle, offre un bizarre mélange de sacré et de profane : saint Jean y est placé non loin des statues de Diane et d'Apollon. La *Steccata*, chapelle souterraine, est destinée aux sépultures des anciens ducs de Parme ; elle a de belles fresques du Parmesan (Mazzuoli), ce peintre-graveur, une des gloires de Parme. L'*Annunziata*, une des églises les plus belles, possède un magnifique tableau du Corrége. Le vieux palais Farnèse, construit en briques, ressemble plus à un couvent qu'à la demeure d'un prince ; il renferme l'académie des beaux-arts, la bibliothèque (de plus de 80 000 volumes) et le plus vaste théâtre de l'Italie, chef-d'œuvre de Vignole, qui frappe d'étonnement par sa majestueuse construction et par les belles proportions de toutes ses parties : il contient 5 000 spectateurs, et sa coupe est si bien calculée, que de tous les points de la salle l'œil embrasse la scène, et que l'on peut entendre celui qui parle à voix basse sur le théâtre. On regrette qu'un si bel édifice ne soit point utilisé : on n'y joue plus depuis un siècle; dans une autre partie de la ville, on a construit une salle moins grande, mais d'une belle dimension. Parme possède plusieurs établissements de bienfaisance, ainsi qu'un hospice de la maternité, fondé, en 1818, par l'archiduchesse Marie-Louise. La population est de 36 000 habitants. L'industrie, quoique peu active, compte quelques fabriques de draps et de soieries, et plusieurs typographies, dont une très-célèbre.

Dans la province de Parme, remarquons *Calorno* (2 000 hab.), résidence d'été de la cour; — *Fornoue* ou *Fornovo*, fameux par la victoire que Charles VIII remporta sur les Milanais et leurs alliés, en 1495; — *Salso-Maggiore,* si connu par ses salines et ses sources de pétrole.

Plaisance, en italien *Piacenza,* anciennement *Placentia,* au-dessous du confluent du Pô et de la Trebbia, est d'une forme oblongue, et entourée, comme Parme, de remparts et de fossés; elle est mieux bâtie, les palais y sont plus nombreux; le palais ducal, construit en briques, annonce la puissance des Farnèse et le talent de Vignole, qui en fit les dessins. Plusieurs autres édifices attirent les regards; mais, comme un autre Versailles, Plaisance n'a que des rues peu animées, dont la principale ressemble plutôt à un chemin qu'à une rue. La place du palais est décorée de deux statues équestres, en bronze, représentant deux princes de la maison de Farnèse. La cathédrale est d'un style lourd et massif; le théâtre est petit, mais élégant. La bibliothèque est assez riche. L'industrie consiste surtout en lainages et en soieries. Plusieurs palais sont destinés aux beaux-arts et à la culture des belles-lettres. La population est de 30 000 habitants. On croit que cette ville dut à sa situation agréable et à la salubrité de l'air qu'on y respire le nom de *Placentia.* Deux siècles avant notre ère, elle était au nombre des cités les plus importantes de l'empire Romain. Il n'y reste aucun vestige d'antiquité; elle fut ravagée pendant les guerres d'Othon et de Vitellius. Le siége qu'elle soutint, en 545, contre Totila, est mémorable : les habitants souffrirent une disette si horrible, qu'ils furent réduits à manger de la chair humaine. Cette ville a donné naissance à *Ferrante Pallavicini,* ecclésiastique célèbre au xviiᵉ siècle, autant par ses écrits que par sa fin tragique; à *Laurent Valla,* qui contribua, au xvᵉ siècle, à faire renaître, dans toute sa pureté, la langue latine en Italie; à *Grégoire X;* enfin au cardinal *Alberoni.* Les Autrichiens tenaient une forte garnison à Plaisance, lorsque la guerre qu'ils avaient à soutenir contre les Franco-Sardes les obligea à la retirer, en 1859.

Au-dessus de Plaisance, le bourg de *Campre-Moldo* est le *Campo-Morto* près duquel Annibal défit les Romains à la bataille de la Trebbia; à 25 kilomètres de la ville, on a découvert, dans le siècle dernier, les restes de *Veleia,* qui paraît avoir été détruite par un tremblement de terre, et qui est recouverte de plus de 7 mètres de roches et de terre. Le grand nombre d'ossements, de médailles et d'objets précieux déterrés jusqu'à ce jour, prouvent que les habitants, comme ceux d'Herculanum, n'eurent pas le temps de fuir et furent engloutis avec leurs richesses. On sait que cette cité était le chef-lieu de plus de trente villes ou bourgs, dont les noms, inscrits sur une table de bronze conservée à Parme, sont encore la plupart semblables à ceux d'un grand nombre de villages des environs.

Parmi les villes du voisinage, citons *Castel-San-Giovanni*, situé sur la fameuse voie Émilienne, à peu de distance du Piémont, petit endroit mentionné souvent dans l'histoire et dont les anciennes fortifications ont été remplacées par d'agréables promenades; — *Borgonuovo*, ville bien bâtie, jadis fortifiée; — *Pecorara*, qui eut autrefois une assez grande importance.

Borgo-San-Donino (4 000 hab.), placée sur le Stirone, est ceinte de murailles. On a découvert, dans ses environs, des ruines que l'on croit être celles de *Julia-Chrysopolis* ou *Fidentia*. — *Borgo di Taro* (1 500 hab.) s'élève dans le pays montagneux de Val di Taro. — *Pontremoli* (4 000 hab.), sur la Magra, est fortifiée et défendue par une citadelle; elle possède des fabriques de poudre. Elle est dans la *Lunigiana*, province qui appartenait au duché de Lucques, mais qui est revenu partie à Parme, partie à Modène, par suite de l'adjonction de Lucques à la Toscane, en 1847.

DUCHÉ DE MODÈNE.

Le duché de *Modène*, situé entre la Lombardie, la Vénétie, le duché de Parme, la Toscane et les États de l'Église, occupe une longueur de 98 kilomètres sur une largeur de 58. Il est baigné, au sud-ouest, par la mer Méditerranée. Cet État, après avoir appartenu aux empereurs, aux papes, aux Vénitiens, aux ducs de Milan, de Mantoue, de Ferrare, et à quelques petits princes particuliers, appartint, dès le XIIIe siècle, à la maison d'Este, qui régnait à Ferrare : voilà pourquoi on l'appelle encore les *États d'Este* (*Stati Estense*). En 1796, il fut réuni à la république Cisalpine, et fit ensuite partie du royaume d'Italie; mais l'archiduc François IV, de la maison d'Este, en prit possession en 1814. François V le gouverna à partir de 1846. Les habitants préféraient se réunir à la Toscane; le prince fut forcé de recourir à l'intervention autrichienne. La révolution de Milan, en 1848, eut son contre-coup à Modène. Le duc, effrayé, promit une constitution; mais il dut bientôt prendre la fuite, et ses sujets, par un vote unanime, s'unirent librement au Piémont. Après le désastre de Novare, il rentra dans ses États, et sa conduite envers son peuple ne fut pas plus approuvée que par le passé. Le duc, jusqu'en 1859, a joui d'un pouvoir absolu et a fait peser sur les malheureux habitants un joug pénible. François V, qui s'intitulait archiduc d'Autriche, était complétement imbu de la politique despotique de l'Autriche en Italie; aussi la population, d'un accord universel, s'est-elle rattachée à l'indépendance dès le début de la guerre de 1859. Le prince s'est prudemment retiré auprès des Autrichiens.

Le duché de Modène est divisé, par l'Apennin, en deux parties inégales; le point le plus élevé est le mont Cimone. Le versant septentrional, beaucoup plus vaste que le versant méridional, est arrosé par un grand nombre de cours d'eau :

le terrain, presque partout plat, ne favorise pas une saine irrigation ; aussi, sur quelques points, rencontre-t-on des marais. La partie méridionale du duché est montagneuse. Le climat est partout tempéré ; la terre est fertile et bien cultivée ; les principales productions sont le blé, le riz, le maïs, le chanvre, le bois, le vin, etc. Il y a beaucoup d'abeilles, de gros bétail, de porcs et de volaille ; on trouve du fer, du marbre, de l'albâtre, du plâtre, du soufre, du pétrole, surtout dans la région méridionale du duché. Il y a quelques sources minérales, qui furent très-fréquentées du temps des Romains : celle d'*Aquaria* est la plus connue. On trouve, dans le voisinage de Modène, des *salses* remarquables. La salse de Sassuolo fait des éruptions boueuses, dont une des plus célèbres fut celle de 1835.

Quoique l'exploitation des marbres, la fabrication des soieries et d'autres produits occupent une assez grande quantité d'ouvriers, l'industrie ne peut pas être considérée comme florissante : la valeur des exportations et des importations ne dépasse pas 22 millions.

Parmi les affluents du Pô qui coulent dans le duché, remarquons le Crostolo, la Secchia et le Panaro, qui prend sa source au mont Cimone. Le Serchio, au sud des Apennins, arrose d'étroites vallées et se dirige du côté de la Toscane, où il se jette dans la mer.

Suivant Pline, qui, entraîné par l'amour du merveilleux, tombe dans des naïvetés, on voyait, non loin de Mutina, aujourd'hui Modène, une longue traînée de flammes produite par un mélange d'eau bouillante, de bitume et d'huile bouillante. Ses récits font probablement allusion aux mines de pétrole que l'on y rencontre encore aujourd'hui. « Les forêts de cette contrée, nous dit Strabon, fournissent tant de glands, que les porcs qui s'y engraissent suffisent presque à la nourriture de Rome. » Les porcs modenais et parmesans sont encore fort estimés.

Modène, Modena en italien (l'ancienne *Mutina*), capitale du duché, s'élève entre la Secchia et le Panaro ; elle était une des plus importantes villes de l'Italie : Appius l'appelle la *ville opulente ;* malgré son antiquité, elle est bien bâtie : ses rues sont ornées d'arcades ; elle possède quelques beaux monuments : le palais ducal, dont les collections sont riches, est digne de figurer au premier rang ; la cathédrale est surmontée d'une tour nommée *Ghirlandina,* une des plus hautes de l'Italie : on y garde le seau de bois qui a été le sujet du poëme héroï-comique de Tassoni, la *Secchia rapita ;* les églises Saint-George et Saint-Vincent ne sont pas dépourvues d'élégance. Les remparts et la forteresse, qui remontent à une date ancienne, ne présentent pas une grande force de résistance. Une des principales rues est celle qui fut autrefois la fameuse voie Émilienne et qui aboutit aujourd'hui à la place de la cathédrale. L'industrie manque complétement d'activité. Il y a plusieurs établissements d'instruction et de bienfaisance, une bibliothèque de 90 000 volumes et des sociétés savantes qui jouissent d'une certaine réputation. Modène a donné naissance au poëte Tassoni et à Gabriel Fallope, l'un des anatomistes les plus célèbres du xvie siècle. L'église de Saint-Augustin renferme les restes mortuaires de Muratori et de Sigonio. La population de la ville est de 30 000 habitants. — *Vignola,* au midi, est la patrie de l'architecte Vignole et de Muratori ; — et *Scandiano,* près de Modène, a vu naître le célèbre naturaliste Spallanzani. — *Sassuolo,* sur la Secchia, possède un agréable château, qu'ont souvent habité les ducs. — *Carpi*, peuplée de 5 000 habitants, est une place de guerre, défendue par de vieilles murailles. — *Mirandola* est le lieu de naissance du fameux Pic de La Mirandole, dernier seigneur de la ville, prodige d'érudition et de savoir, qui, à l'âge de dix ans, défiait tous les savants de son temps, et mourait ordinaire à trente et un ans. Mirandola, jadis la capitale d'un duché, fut démantelée après 1746. Sa population est de 8 000 habitants.

Guastalla (6 000 hab.) est un des points fortifiés les plus importants qu'il y ait sur le Pô; elle a été la capitale d'un duché qui fut adjoint à Parme en 1746. Donnée par Napoléon à sa sœur Pauline, puis annexée de nouveau au duché de Parme en 1814, Guastalla fut enfin donnée au duc de Modène en 1847. Plusieurs batailles eurent cette place pour témoin : rappelons, particulièrement, un combat sanglant qui eut lieu, en 1734, entre les Espagnols et les Français.

Reggio, l'ancienne *Regium* (18 000 hab.), située entre le Crostolo et le Tessone, est une ville forte, qui compte plusieurs établissements d'instruction et de bienfaisance. La cathédrale est d'une belle architecture. La principale rue est celle de la *Maestra.* C'est la patrie de l'auteur de *Roland furieux*, l'Arioste. — Dans les environs de Reggio, la campagne est belle, fertile, et les coteaux voisins sont couverts de maisons de plaisance et de vignes qui se marient agréablement avec des arbres couverts de fruits délicieux. On y remarque le château de *Canossa*, célèbre par la résidence du pape Grégoire VII.

Correggio, qui a vu naître le grand peintre Antoine Allegri, connu sous le nom de Corrége, est une ville mal bâtie, et défendue par un château fort. Elle compte 5 000 habitants. — *Montecchio,* bourg de 2 000 âmes, est placé à peu de distance de l'Enza.

Pieve-Pelago, dans la province montagneuse de *Frignano,* s'élève dans une position pittoresque. — *Castel-Nuovo* (3 000 hab.), dans la province montagneuse de *Garfagnana,* possède d'importantes tanneries. C'est sur les territoires sauvages de ce pays que l'Arioste étendit son autorité de gouverneur, et dans les gorges de ces montagnes qu'il reçut des brigands une singulière ovation.

La province de Massa, qui, sous le nom de *Massa-Carrara,* formait autrefois un duché indépendant, fut réuni au duché de Modène en 1743. Ce petit coin de l'Italie est un des plus beaux pays que l'on puisse voir ; il est difficile de trouver une vallée plus pittoresque que celle du *Fiume Frigido,* torrent qui descend des montagnes et qu'alimente la fonte des neiges. Dans sa partie la plus élevée, cette vallée est étroite et ombragée par de beaux arbres qui concourent à y entretenir la fraîcheur ; à son extrémité, elle s'élargit et devient magnifique. Alors que les chaleurs de l'été commencent à dessécher les plaines, on voit la neige et la verdure des pâturages former, par l'effet de la perspective, de longues bandes sur le flanc des montagnes. Massa-Carrara, après avoir dépendu de Modène, fit partie de la principauté de Lucques et de Piombino, que gouverna, sous le premier empire, la princesse Élisa Bacciocchi, sœur de Napoléon; en 1814, il reprit le titre de duché et fut restitué à l'archiduchesse Marie-Béatrix ; il retourna, en 1829, à son fils, le duc de Modène.

Massa, peuplée de 9 000 habitants, est petite, mais belle, et s'élève dans une plaine agréable, à peu de distance de la mer. Elle a des rues larges et bien pavées, et les maisons en sont en général bien construites. Le palais, en marbre de Carrare, est un élégant édifice, entouré de délicieux jardins. On y fait principalement le commerce de marbre blanc, tiré des montagnes voisines.

La petite ville de *Carrare* (*Carrara*), qui compte 6 000 habitants, ne doit son importance qu'à ses inépuisables carrières de marbre, exploitées depuis près de 2 000 ans. La plus grande partie des montagnes de ses environs ne sont composées que de marbre. Carrare et les villages de son district renferment 19 000 habitants. Toute la population s'occupe du marbre : les uns comme sculpteurs, les autres comme simples ouvriers; les enfants, les jeunes filles elles-mêmes, gagnent leur journée au milieu des carrières. Il y a, à Carrare, plus de trente ateliers de haute sculpture. L'exploitation du marbre est l'unique cause de l'animation de la ville (1). Les richesses minérales de Carrare sont une source de grand revenu pour le duché de Modène. Des sculpteurs célèbres sont sortis de cette ville : parmi eux, citons les deux Tecca, Danese Cattaneo et Ghirlanda. L'église de Carrare, dit M. de Lavernière, est un monument qui mérite d'être étudié, même après le dôme de Pise, dont elle est une gracieuse réminiscence. — *Avenza*, autrefois *Aventia*, sur le littoral, fut bâtie, au xiie siècle, à l'embouchure de l'Avenza, dont elle est actuellement éloignée de 2 kilomètres; ce fut pendant longtemps le port d'embarcation des marbres de Carrare. Le port est aujourd'hui le village de *Marina d'Avenza* ou *Spaggia d'Avenza*.

Une portion de l'ancienne *Lunigiana*, pays dont nous avons déjà parlé dans le duché de Parme, est enclavée dans le duché de Modène. On y voit *Fivizzano*, place forte, entourée de hauts sommets.

---

(1) Les carrières de marbre ouvertes à Carrare et à Massa se distribuent ainsi :

Marbres de Carrare.	583
Marbres de Massa	80
	663

Sur ce nombre, on compte 51 carrières de marbres de première qualité, dont 45 à Carrare. On ne compte en activité que 317 carrières de Carrare et 51 de Massa, soit, en total, 368.

On peut évaluer, en moyenne, l'extraction annuelle à 563 800 quintaux métriques, savoir :

Carrare	510 000 quint. métr.
Massa	53 800
	563 800

Ou plus de 56 000 tonnes de 1 000 kilogrammes.

PARME ET MODÈNE.

TABLEAUX

DES DUCHÉS DE PARME ET DE MODÈNE.

PARME.

PROVINCES.	SUPERFICIE en hectares.	POPULATION en 1855.
Parme.	150 716,36	147 797
Plaisance	161 567,21	143 429
Borgo San-Donino.	154 642,33	134 642
Val di Taro.	107 693,03	51 080
Lunigiana.	41 824,76	31 836
TOTAUX.	616 443,69	508 784

Recettes ordinaires (budget de 1859) . . . 8 669 000 } 9 697 000 lires.
   — extraordinaires. . . . . 1 028 000 }

Dépenses ordinaires. . . . . 8 366 000 } 9 934 000 —
   — extraordinaires. . . . . 1 028 000 }

Force armée, temps de guerre. . . . . 5 672 hommes.
   —   temps de paix. . . . . 3 663 —

4 diocèses : Parme, Plaisance, Borgo San-Donino et Pontremoli.

MODÈNE.

PROVINCES.	SUPERFICIE en kilom. carrés.	POPULATION en 1857.	
		Total.	Par kil. carr.
Modène.	1 585,36	212 813	132
Reggio.	1 898,42	167 547	87
Guastalla.	317,41	76 315	158
Frignano.	1 052,33	38 418	55
Garfagnana.	541,50	50 672	71
Massa.	635,38	58 747	120
Lunigiana.			
TOTAUX.	6 031,40	604 512	99

En 1856, la population se divisait en : catholiques, 596 125 ; protestants, 202 ; israélites, 2 669.

Finances en 1851.

8 413 622 lires de revenus.   8 728 133 lires de dépenses.

Force armée.

5 300 hommes, et, y compris 3 régiments de milice de réserve, 14 656 hommes.

Commerce.

Valeur totale des importations et des exportations réunies, environ 22 000 000 de lires.

5 diocèses : Modène (archevêché), Guastalla, Carpi, Reggio et Massa.

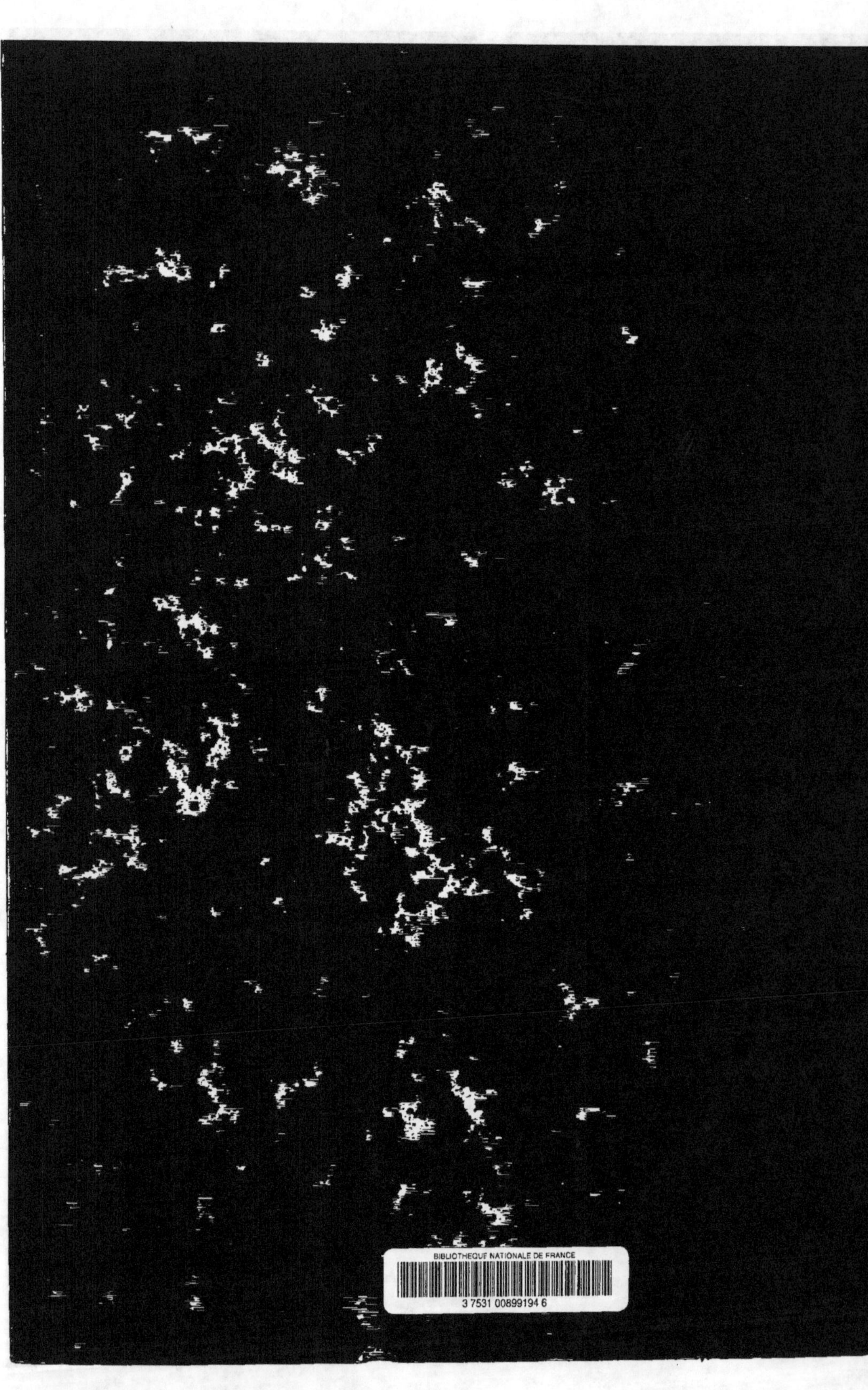